Reichsgerichts-Entscheidungen

in kurzen Auszügen

Zivilsachen — Band 167

1942

J. Schweitzer Verlag, Berlin und München

Reichsgerichts-Entscheidungen

in kurzen Auszügen

Zivilsachen Band 167

1 9 4 2

J. Schweitzer Verlag, Berlin und München

Printed in Germany

Druck von Dr. F. P. Datterer & Cie., Freising-München.

Von dieser Sammlung erschienen folgende Bändchen:

I. Zivilsachen:	Bd. 76—100	. . .		je RM.	0.80
	„ 101—140	. . .		je RM.	1.—
	„ 141—155	. . .		je RM.	2.—
Serien:	„ 76—155	mit 3 Reg.		zus. RM.	76.—
	„ 81—155	83—119 120—130		zus. RM.	71.—
	„ 91—155	131—140		zus. RM.	61.—
	„ 101—155			zus. RM.	53.—
	„ 111—155			zus. RM.	43.—
	„ 121—155	mit 4 Reg.		zus. RM.	33.—
	„ 131—155	mit 4 Reg.		zus. RM.	28.—
Gesamtregister zu	Bd. 83—119	. . . .		RM.	6.—
Gesamtregister zu	Bd. 120—130	. . .		RM.	1.80
Gesamtregister zu	Bd. 131—140	. . . .		RM.	1.50
Gesamtregister zu	Bd. 141—150	. . . .		RM.	1.50
II. Strafsachen:	Bd. 45—55	. . .		je RM.	0.80
	„ 56—64	. .		je RM.	1.—
	„ 65—71	. . .		je RM.	2.—
Serie: Bd. 45—71 mit Ges.-Reg. zu Bd. 45—60				zus. RM.	27.—
Gesamtregister zu	Band 45—60	. . . .		RM.	3.70

Jedes Bändchen entspricht einem Bande der amtlichen Sammlung.

1. Kraftfahrzeug. Gefährdungshaftung. Staatshaftung. Betriebsunternehmer. Beamter. (WeimVerf. Art. 131; BGB. § 839; ÖstKraftHG. §§ 1, 2; RG. über die Wiedervereinigung Österreichs mit dem Deutschen Reich vom 13. März 1938.) Der Polizeipräsident einer deutschen Stadt bestellte am 11. März 1938 bei einer Aktiengesellschaft, die einen Verkehr mit Autobussen betrieb, dreißig Autobusse mit je zwei Fahrern zu einer Transportübung. In Wirklichkeit handelte es sich um die Sicherung der Maßnahmen der Reichsregierung zur Wiedervereinigung Österreichs mit dem Deutschen Reich; das wurde aber vor Antritt der Fahrt nicht mitgeteilt. In Österreich stieß einer der Autobusse mit einem Personenkraftwagen zusammen; der Lenker und ein in dem Wagen befindlicher Mann wurden verletzt. Sie klagten gegen die Aktiengesellschaft, der der Autobus gehörte, und gegen dessen Lenker auf Schadenersatz. Das Landgericht erkannte durch ein Zwischenurteil die Klageansprüche als dem Grunde nach berechtigt an. Das Berufungsgericht wies die Klage gegen die Aktiengesellschaft ab. Gegen das Urteil legten der Zweitbeklagte und das Deutsche Reich als Streithelfer Revision ein. Die Revision des Reichs hatte keinen Erfolg; die Revision des Zweitbeklagten führte dazu, daß die Klage auch in der Richtung gegen ihn abgewiesen wurde. Es handelte sich von vornherein, wenn das auch erst später bekannt wurde, um den Einsatz einer durch die Autobusse zu befördernden Polizeitruppe zur Sicherung der Maßnahmen der Reichsregierung. Art und Dauer der Verwendung der Fahrzeuge wurden durch den Führer der Polizeitruppe bestimmt. Das kennzeichnete die Fahrt als eine polizeiliche Dienstfahrt, die für das Deutsche Reich in Ausübung öffentlicher Gewalt ausgeführt wurde. Der Zweitbeklagte als Lenker eines der Autobusse übte dabei zu seinem Teil ihm anvertraute hoheitliche Gewalt aus und war als Beamter im Sinne des Art. 131 WeimVerf. anzusehen. Als Beamte im Sinne dieser Bestimmung gelten alle Personen, die der Staat oder eine dazu befugte Körperschaft mit öffentlicher Gewalt bekleidet. Das traf für den Zweitbeklagten zu; er stand unter der Befehlsgewalt des Führers der Polizeitruppe, dessen nach dem staatshoheitlichen Zweck der Fahrt sich richtenden Weisungen er zu folgen hatte. Im allgemeinen trifft nach Art. 131 WeimVerf. die Verantwortlichkeit für die Folgen der Verletzung der Amtspflicht das Gemeinwesen, in dessen Dienst der Beamte steht, nicht jenes, von dem die ausgeübte öffentliche Gewalt ausgeht. Steht indessen der Beamte nicht im

Dienst eines solchen Gemeinwesens, sondern im Dienst eines gewöhnlichen Unternehmens, so trifft die Verantwortlichkeit das Gemeinwesen, das ihn mit öffentlicher Gewalt bekleidet und damit für den Bereich des Haftungsrechts zum Beamten gemacht hat. Das war in diesem Falle das Deutsche Reich. Es hatte für die Folgen einzutreten, die aus der schuldhaften Verletzung dritter Personen bei der Ausführung der Fahrten durch einen Lenker der Autobusse entstanden. Der Zweitbeklagte schied also aus der unmittelbaren Haftung für den von ihm verursachten Schaden den Klägern gegenüber aus. Diese Rechtslage war jedenfalls gegeben, solange die Fahrt sich auf dem Boden des damaligen Reichsgebiets vollzog; der Unfall trug sich aber im Gebiet des bisherigen Bundesstaates Österreich kurz nach dessen Eingliederung in das Deutsche Reich zu. Nach Art. II des Gesetzes über die Wiedervereinigung Österreichs mit dem Deutschen Reich vom 13. März 1938 blieb das damals in Österreich geltende Recht bis auf weiteres in Kraft. In der Folge wurden verschiedene reichsgesetzliche Vorschriften in Österreich eingeführt, nicht aber Art. 131 WeimVerf.; auch das Allgemeine Bürgerliche Gesetzbuch blieb in Österreich in Geltung. Das Reichsgesetz über den Verkehr mit Kraftfahrzeugen wurde erst durch eine Verordnung vom 23. März 1940 mit Wirkung vom 1. April 1940 in der Ostmark eingeführt; Schadensfälle, die sich vor diesem Zeitpunkt ereigneten, sind nach dem bis dahin geltenden Recht zu beurteilen. Das Reichsgericht entschied gleichwohl, daß Art. 131 WeimVerf. auf den vorliegenden Fall Anwendung finde. Die Vorschrift ist in Kraft geblieben, obwohl die Weimarer Verfassung als solche durch den Umbruch im Jahr 1933 ihre Geltung verloren hat. Sie legt den Gedanken der Staatshaftung für die Handlungen von Beamten abschließend für das ganze Reichsgebiet fest. Der Bestimmung liegt die Erwägung zugrunde, daß die Gerechtigkeit gebietet, den öffentlichen Verband als die Gemeinschaft, in deren Dienst die hoheitliche Gewalt ausgeübt wird, auch für die dabei schuldhaft begangenen schädigenden Amtshandlungen eintreten zu lassen und damit zugleich dem betroffenen Volksgenossen den Ausgleich seines Schadens durch einen leistungsfähigen Schuldner zu sichern; weiter sollte damit auch den Belangen der im öffentlichen Dienst handelnden Personen gedient werden, indem ihre unmittelbare Haftung aufgehoben und ein Rückgriff gegen sie ihrer vorgesetzten Dienstbehörde überlassen wurde. Dieses Wesen der Bestimmung verlangt, jedenfalls soweit die Haftung des Reiches in Frage kommt, ihre einheitliche Anwendung im ganzen Gebiet des Großdeutschen Reiches und damit auch im Gebiet der Ostmark von dem Augenblick an, in dem die Reichshoheit über dieses Gebiet ausgedehnt wurde; einer besonderen Einführung bedurfte es nicht. Die Haftung des Reiches greift aber nur unter den Voraussetzungen Platz, die auch im Altreich dafür gelten. Bei fahrlässiger Amtspflichtverletzung haftet das Reich nur aushilfsweise, nämlich dann, wenn die geschädigte Person nicht auf andere Weise Ersatz zu erlangen vermag. Die Haftung des Reiches an Stelle des die Amtspflichtverletzung begehenden Beamten schließt nach feststehender Rechtsprechung des Reichsgerichts eine Inanspruchnahme des Beamten aus Verschulden auf Grund der allgemeinen Bestimmungen über die unerlaubten Handlungen wie auch auf Grund des Kraftfahrzeuggesetzes aus; der Anspruch aus einer Gefährdungshaftung (§ 7 KraftFahrzG.) bleibt dagegen unabhängig von jener Vorschrift bestehen. Das gleiche gilt für das österreichische Recht. Nach diesem (§§ 1, 2 KraftfHG.) ist zunächst sowohl für den Eigentümer wie für den Lenker eines Kraftfahrzeugs eine Gefährdungshaftung festgelegt; die Haftung des Berufslenkers, der das Kraftfahrzeug in Ausübung seines öffentlichen oder vertragsmäßigen Dienstes oder einer im öffentlichen Interesse übernommenen Pflicht geführt hat, ist aber schon dann ausgeschlossen, wenn das schädigende Ereignis nicht auf sein Verschulden zurückzuführen ist. Für den Berufslenker gilt also dieselbe Haftungsbeschränkung wie nach deutschem Recht für alle Führer von Kraftfahrzeugen (KraftFahrzG. § 18). Als Berufslenker war der Zweitbeklagte anzusehen. Auch wenn ihn an dem Unfall ein Verschulden traf, konnte also die Klage gegen ihn nicht durchdringen. Die Abweisung der Klage gegen die Aktiengesellschaft hatte das Berufungsgericht damit begründet, daß während der Fahrt der Autobusse das Deutsche Reich für diese Betriebsunternehmer gewesen sei. Dieser Auffassung trat das Reichsgericht bei. Betriebsunternehmer ist jener, dem das Kraftfahrzeug zum Betrieb auf eigene Rechnung und Gefahr überlassen ist. Die Vermutung spricht dafür, daß der Eigentümer auch Betriebsunternehmer ist; will er behaupten, daß ein anderer Betriebsunternehmer sei, so obliegt ihm der Beweis. Im vorliegenden Falle besaß das Deutsche Reich durch den Führer der Polizeitruppe die volle Verfügungsgewalt über die Autobusse; dieser bestimmte die Richtung und das Ziel der Fahrt sowie deren Zeitdauer, schaffte auch den Betriebsstoff bei. Demgegenüber trat der Umstand, daß die Fahrer von der Aktiengesellschaft entlohnt wurden, zurück. Ohne Belang war es auch, ob das Reich die Fahrzeuge auf Grund einer bürgerlich-rechtlichen Vereinbarung gemietet oder auf Grund des Wehrleistungsgesetzes angefordert hatte und ob im letzten Falle das Anfordern sich auf § 15 (Überlassung von Gegenständen) oder auf § 16 (Ausführung von Beförderungen) stützte. Im zweiten Falle bleibt allerdings regelmäßig die Eigenschaft des Leistungspflichtigen als Betriebsunternehmer bestehen; die besonderen Umstände, die hier zutrafen, machten aber nach Lage der Sache das Reich zum Betriebsunternehmer. (III, 4. April 1941.) Amtl. Sammlg. S. 1—14. Vgl. Bd. 78 S. 179; Bd. 93 S. 222; Bd. 102 S. 166; Bd. 106 S. 34; Bd. 125 S. 98; Bd. 139 S. 149; Bd. 140 S. 126; Bd. 141 S. 400; Bd. 142 S. 190; Bd. 145 S. 177; Bd. 151 S. 385; Bd. 152 S. 385; Bd. 154 S. 117; Bd. 155 S. 186, 362; Bd. 158 S. 95; Bd. 159 S. 235; Bd. 160 S. 193; Bd. 162 S. 308; Bd. 165 S. 91, 323; Bd. 166 S. 1.

2. **Nachbarrecht. Grundwassersenkung. Aufopferungsanspruch. Abwehrklage. Mitverschulden. Beweislast. Entsprechende Rechtsanwendung.** (BGB. §§ 254, 823, 909, 1004; ZPO. §§ 286, 287.) Ein Haus in Berlin, das zum Teil im Jahr 1887, zum Teil im Jahr 1910 erbaut worden war, stand auf ungünstigem Baugrund, nämlich auf steilrandigem Kolk, der bis zu einer Tiefe von etwa 20 m hinunterging und mit Faulschlamm, Torf und Sand angefüllt war. Es ruhte auf einem Pfahlrost aus Kiefernholz und auf Senkkästen. Im Laufe der Zeit zeigten sich zahlreiche Risse. Die Eigentümerin führte das auf künstliche Grundwassersenkungen zurück, die in den Jahren 1916 bis 1934 bei großen Bauunternehmungen ausgeführt worden waren (Lindentunnel und Spreeunterführung, Untergrundbahn, Reichsbankgebäude). Sie klagte gegen die Bauherren wie gegen die Bauunternehmungen auf Schadenersatz. Als Schaden brachte sie für die Kosten der Wiederherstellung des Hauses 340000 RM., für dauernde Entwertung 300000 RM. in Ansatz, außerdem 16000 RM. für die Vorbereitung des Rechtsstreits. Das Landgericht erkannte durch Teilurteil den Zahlungsanspruch gegenüber den Beklagten als Gesamtschuldnern dem Grunde nach soweit für gerechtfertigt an, als er auf die Herstellung des Zustandes gerichtet war, der bestehen würde, wenn keine Grundwassersenkungen stattgefunden hätten. Das Kammergericht wies den Anspruch auf 300000 RM. als Ersatz für bleibenden Minderwert des Gebäudes ab, erkannte im übrigen den Anspruch

gegenüber den einzelnen Beklagten als Gesamtschuldnern in verschieden bezifferter Höhe als dem Grunde nach gerechtfertigt an. Gegen die Abweisung der Klage auf Ersatz des Minderwertes wurde keine Revision eingelegt; im übrigen wurde auf die von der Klägerin wie von den Beklagten eingelegte Revision die Sache zurückverwiesen. Während des Rechtsstreits hatte die Klägerin die Herstellungsarbeiten ausführen lassen und das Haus weiterveräußert. Dem hätte sie dadurch Rechnung tragen sollen, daß sie nun die ihr tatsächlich entstandenen Kosten zahlenmäßig aufstellte, soweit sie dafür von den Beklagten Ersatz verlangte. Soweit es sich bei den Kosten der Vorbereitung des Rechtsstreits um Kosten des Rechtsstreits im Sinne des § 91 ZPO. handelte, konnten diese nicht als besonderer Schadenposten in Rechnung gestellt werden, da sie je nach dem Ergebnis des Rechtsstreits zu behandeln waren. Das Kammergericht hatte die Grundwasserabsenkungen als Grundstücksvertiefungen angesehen und demgemäß die Beklagten auf Grund des § 909 BGB. als schadenersatzpflichtig erachtet, ohne daß der Nachweis eines schuldhaften Verhaltens erforderlich war; es hatte sie aber nur zu verschiedenen Anteilen für haftbar erklärt. Die Beklagten hatten dagegen vor allem eingewendet, daß es sich bei Grundwassersenkungen um eine Frage des Wasserrechts handle, so daß § 909 BGB. überhaupt nicht in Betracht komme. Die Grundwassersenkungen bildeten aber einen wesentlichen Teil der Vertiefungen, die von den Beklagten ausgeführt worden waren; damit waren sie dem Gebiete des landesrechtlich geregelten Wasserrechts entrückt. Voraussetzung für die Anwendung des § 909 BGB. war aber, daß das Grundstück der Klägerin zu den Grundstücken, auf denen die mittels der Grundwasserabsenkungen durchgeführten Bauarbeiten stattgefunden hatten, als Nachbargrundstück angesehen werden konnte. Der Begriff der Nachbarschaft im Sinne dieser Vorschrift ist so weit zu erstrecken, wie der Einwirkungskreis der Vertiefungsarbeiten reicht; sie will Schutz im Zusammenleben derer gewähren, die räumlich voneinander abhängig sind. Die Schäden waren nach der Annahme des Kammergerichts auf das Faulen des Pfahlrostes zurückzuführen. Dieser bedurfte zu seiner sicheren Erhaltung einer dauernden Durchsetzung des ihn umgebenden Bodens mit Grundwasser; durch die Grundwassersenkungen verlor der Boden seine Eignung, den auf Pfählen gegründeten Bau zu tragen, und bot daher dem Hause keine genügende Grundlage mehr. Das Reichsgericht erkannte diese Auffassung als richtig an. Allerdings geht eine solche Auslegung des § 909 BGB. über seine ursprüngliche Bedeutung hinaus. Aufgabe der Rechtsprechung ist es aber gerade, die Gesetzesanwendung den Fortschritten des Verkehrs und der Technik anzupassen, soweit das dem Richter nach dem Inhalt des Gesetzes möglich ist. Die Beklagten hatten gegen die Ausführungen des Kammergerichts eingewendet, von einem Verlust der erforderlichen Stütze könne nicht die Rede sein, wenn der Boden des beeinträchtigten Grundstücks von vornherein so beschaffen gewesen sei, daß er von Natur keine geeignete Grundlage für die Errichtung eines Gebäudes geboten habe. Die Tatsache der Bauausführung bewies aber, daß der Boden als Baugrund verwendbar war, wenn die richtigen technischen Hilfsmittel verwendet wurden. Die mit den Vertiefungsarbeiten der Beklagten verbundenen Grundwassersenkungen hatten diese Eignung in einem wichtigen Punkte beeinträchtigt. Wohl ist eine Schwäche, die einem auf Pfahlrost gestellten Bau im Vergleich mit einem auf festem Boden gegründeten innewohnt, bei dem vom Eigentümer gegenüber einem beeinträchtigenden Nachbarn geltend gemachten Anspruch zu berücksichtigen; aber die erforderliche Stütze für einen mit dem Hilfsmittel eines Pfahlrostes errichteten Bau gewährte der Boden gerade kraft der ursprünglichen Grundwasserverhältnisse. Schadenersatz konnte die Klägerin gemäß § 823 BGB. fordern, wenn die Beklagten schuldhaft gehandelt hatten; § 909 BGB. ist ein Schutzgesetz im Sinne dieser Vorschrift. Das Kammergericht hatte diese Frage nicht geprüft. Dieser Standpunkt war insoweit zu billigen, als der durch unzulässige Einwirkungen geschädigte Eigentümer ohne den Nachweis eines schuldhaften Verhaltens des Gegners Entschädigung fordern kann, wenn ihm eine Abwehr wegen der Gemeinnützigkeit des Unternehmens, von dem die Einwirkung ausgeht, versagt ist. Ein solcher Anspruch ist der Ausgleich dafür, daß der Eigentümer durch höhere Rücksichten genötigt wird, seine an sich begründete Rechtsstellung aufzuopfern, indem er die von den gemeinnützigen Arbeiten ausgehenden Einwirkungen auf sein Grundstück dulden muß. In dieser Lage befand sich die Klägerin gegenüber den Beklagten. Dieser Aufopferungsanspruch ist von dem Schadenersatzanspruch aus unerlaubter Handlung wesentlich verschieden. Er soll einen angemessenen Ausgleich für die Beeinträchtigung gewähren, die ohne Abwehrmöglichkeit hingenommen werden muß. Der Ausgleich braucht nicht den vollen Ersatz des zugefügten Schadens zu umfassen; er ist so zu bemessen, wie es nach den Umständen des Falles gerecht erscheint. Die Vorschrift des § 254 BGB. kommt auf den Aufopferungsanspruch nicht zur Anwendung, aber ein dem beschädigten Grundstück von vornherein innewohnender Mangel ist doch bei der nach Billigkeit zu bemessenden Entschädigung zu berücksichtigen. Wer einen der natürlichen Beschaffenheit nach unsicheren Baugrund benutzt, läuft damit eine gewisse Gefahr; er kann nicht für alle Zeiten dieselbe Sicherheit erwarten, wie wenn er auf einwandfreiem Baugrund gebaut hätte. Keine Veranlassung besteht im Regelfalle für den Geschädigten, einen Teil des ihm zugefügten Schadens mit Rücksicht auf die allgemeine Nützlichkeit des ihn beeinträchtigenden Unternehmens entschädigungslos hinzunehmen; vielmehr entspricht es den Grundsätzen von Recht und Billigkeit, daß die zum Nutzen der Allgemeinheit verursachten Schäden auch der Allgemeinheit zur Last fallen. Der Aufopferungsanspruch unterliegt der regelmäßigen Verjährung von 30 Jahren, nicht der kurzen Verjährung des Schadenersatzanspruchs wegen unerlaubter Handlung. Das Kammergericht hatte als der Klage gegenüber verpflichtet sowohl die Bauherren als die Unternehmer der einzelnen Bauten angesehen, bei denen die Grundwassersenkungen vorgenommen worden waren; das Reichsgericht erklärte nur die Bauherren für verpflichtet. Der Entschädigungsanspruch, den das Kammergericht zugebilligt hatte, war ein Ersatz für die sich grundsätzlich aus einem Tatbestande des § 909 BGB. ergebende, hier aber wegen Gemeinnützigkeit der in Betracht kommenden Bauten versagte Abwehrklage des § 1004 BGB. Demzufolge ist eine Voraussetzung für die Verpflichtung gegenüber einem solchen Anspruch, daß der Betreffende bei Fehlen der Gemeinnützigkeit mit der Abwehrklage hätte belangt werden können, daß er Störer im Sinne des § 1004 BGB. war. Ein Störer, der schuldhaft handelt, ist gegenüber einem Schadenersatzanspruch aus unerlaubter Handlung verpflichtet. Bei dem unabhängig vom Nachweis eines Verschuldens gegebenen Entschädigungsanspruch handelt es sich um einen aus Billigkeitsrücksichten gebotenen Ersatz dafür, daß der Geschädigte aus höheren Rücksichten die Unversehrtheit seines Eigentums, die er sich sonst mit der Abwehrklage hätte erhalten können, aufopfern muß. Da kann ersatzpflichtig nur der sein, zu dessen Besten die Aufopferung dient. Diese Voraussetzungen lagen nur bei den Bauherren vor, nicht aber bei den Unternehmern. Wohl hätte auch gegen sie eine Abwehrklage aus § 1004 erhoben werden können, wenn sie an sich zulässig gewesen wäre; ebenso wäre ein Schadenersatzanspruch bei schuldhaftem Handeln gegeben gewesen. Aber die Bauunternehmer konnten nicht als Personen angesehen werden, zu deren Besten das von der Klägerin zwangsweise aus ihrem Eigentum gebrachte Opfer diente. Die der Klägerin obliegende Eigentumsbeschränkung, für die ihr der Aufopferungsanspruch Ersatz geben sollte, hatte das Ziel, daß die Bauherren ihre gemeinnützigen Unternehmen durchführen konnten, aber nicht, daß der einzelne Unternehmer arbeiten und verdienen konnte. Hinsichtlich der Ursachen der Schäden waren die Gutachten der Sachverständigen auseinander gegangen. Das Kammergericht hatte sich auf das schriftlich erstattete Gutachten eines Sachverständigen gestützt, der ausgeführt hatte, daß die Pilze, welche die Holzfäule verursachen, auch im Wasser leben und folglich Holz, das unter Wasser ist, zum Faulen bringen können; im gegebenen Falle seien infolge der geringen Tiefe des Rostes unter der Kellersohle und der Einwirkung der Heizung die Wachstumsbedingungen für die holzzerstörenden Pilze außerordentlich günstig gewesen, so daß die Pfähle höchstwahrscheinlich auch ohne die Grundwassersenkungen gefault wären. Die Klägerin hatte dagegen mehrere Gegengutachten beigebracht. Das Kammergericht hatte diesen gegenüber nur auf die Ausführungen des von ihm als maßgebend angesehenen Sachverständigen verwiesen und seine hervorragenden wissenschaftlichen Kenntnisse wie auch seine umfassende praktische Erfahrung hervorgehoben. Das Reichsgericht erklärte, daß diese Sachbehandlung gegen die §§ 286, 287 ZPO. verstoßen habe. Ein Schaden der Klägerin stand fest; streitig war sein ursächlicher Zusammenhang mit den Grundwassersenkungen. Die Beurteilung dieser Frage stand unter der dem richterlichen Ermessen erhöhte Freiheit gewährenden Regel des § 287 ZPO. Diese Vorschrift ist unbedenklich auch auf Aufopferungsansprüche anzuwenden. Die Entscheidung hätte also unter Würdigung aller Umstände nach freiem Ermessen getroffen werden sollen; die Urteilsgründe hätten erkennen lassen müssen, daß das wirklich geschehen war, daß also das Gericht die wesentlichen Umstände gewürdigt und sich unter Beachtung des Vorbringens der Parteien und des in der Beweisaufnahme zutage getretenen Sachverhalts eine eigene Überzeugung gebildet habe. Dem war nicht genügt, wenn in einer so bedeutsamen und dabei so zweifelhaften Frage, wie es die Verursachung des Faulens des Pfahlrostes im gegebenen Falle war, lediglich auf die Ausführungen des Gutachtens verwiesen wurde, zumal das Gericht den Sachverständigen gar nicht selbst gehört, sondern sich auf sein schriftlich erstattetes Gutachten verlassen hatte. Zu den nachfolgenden Ausführungen der Klägerin hatte das Kammergericht überhaupt nicht Stellung genommen. Diese hatte sich auf das Gutachten eines Fachmanns für Holzfragen berufen; wenn auch die Auswahl der Gutachter im Ermessen des Gerichts steht, mußte doch die Frage geprüft werden, ob es nicht angebracht war, diesen Sachverständigen zu hören. Die Beklagten hatten unter Berufung auf das auch vom Kammergericht als maßgebend anerkannte Gutachten jede Entschädigungspflicht bestritten mit der Begründung, daß der Pfahlrost auch ohne ihr Zutun infolge seiner eigenen Beschaffenheit unbrauchbar geworden wäre. Auch wenn das angenommen wurde, war doch zu unterstellen, daß auch jeder der Beklagten zu einem gewissen Anteil zu dem Zustande beigetragen hatte, der im Jahre 1936 zur Neugründung des Hauses nötigte. Keine der Mitwirkungen konnte weggedacht werden, ohne daß dann gerade dieses Ergebnis entfiel. Also bestand eine gemeinsame Verursachung. Es wäre gleichermaßen willkürlich, wenn man die Fäulniswirkung aus der natürlichen Beschaffenheit des Holzes und dem Standorte des Rostes außer acht lassen, wie wenn man die Fäulnisförderung durch die Grundwassersenkungen nicht berücksichtigen wollte. Wie der Anspruch eines Kranken aus einer ihm zugefügten Körperverletzung durch Berücksichtigung der Tatsache des schon wegen der Krankheit vorhandenen schlechten Körperzustandes sich mindert, so war gegen die Klägerin eine schon natürlich vorhandene Schwächung des Pfahlrostes durch vorhandene Fäulniskeime in Rechnung zu stellen. Die Klägerin hatte in ihrer Revision noch hervorgehoben, daß die Beweislast für das Faulen des Rostes ohne die Grundwassersenkungen den Beklagten obgelegen habe. Dieser Punkt gehörte aber zu dem ursächlichen Zusammenhang, für den die Klägerin beweispflichtig war. Übrigens kam es auf die Verteilung der Beweislast nicht an, weil das Kammergericht einen bestimmten Sachverhalt festgestellt und keine der Parteien für beweisfällig erklärt hatte. Anderseits war der Einwand der beklagten Bauunternehmer unbeachtlich, es fehle der ursächliche Zusammenhang zwischen der Grundwassersenkung und den Schäden am Haus der Klägerin schon deshalb, weil eine schädigende Wirkung der Grundwassersenkung nur bei Häusern eintreten könne, die nicht ordnungsgemäß durch Herunterführen der Fundamente bis in den tragfähigen Untergrund, sondern nur künstlich auf fäulnisfähigen Holzrosten gegründet seien. Inadäquat und deshalb rechtlich nicht zu beachten ist ein Zusammenhang dann, wenn eine im natürlichen Sinne ursächliche Handlung nur unter ganz unwahrscheinlichen und deshalb nach dem regelmäßigen Verlauf der Dinge außer Betracht zu lassenden Umständen zur Herbeiführung des verursachten Erfolgs geeignet gewesen ist, wenn, anders ausgedrückt, der Zusammenhang so lose ist, daß er nach der Auffassung des Lebens vernünftigerweise nicht mehr in Betracht gezogen werden kann. Davon konnte hier keine Rede sein. Daß Häuser bei ungünstigem Baugrund auf Pfahlrost gegründet werden, ist gerade in Berlin häufig und allgemein bekannt; ebenso ist es ein gewöhnlicher Geschehensablauf, daß Grundwassersenkungen auf hölzerne Pfahlroste schädigend einwirken. Darauf, daß die Beklagten bei ihren Arbeiten gerade an das Haus der Klägerin denken konnten oder mußten, kam es nicht an. Die Voraussehbarkeit des besonderen Erfolgs ist für die Frage des ursächlichen Zusammenhangs unbeachtlich. Weiter hatten die Beklagten beanstandet, daß das Kammergericht den Einwand des Mitverschuldens der Klägerin nicht beachtet und nicht verbeschieden habe. Diese Rüge war unbegründet. Das Kammergericht hatte zwar den § 254 BGB. nicht erwähnt, aber sachlich alles beachtet, was unter diesem Gesichtspunkt in Betracht kommen konnte. Gegenüber einem Aufopferungsanspruch kommt § 254 BGB. überhaupt nicht in Frage. Im Ergebnis wird allerdings das gleiche Ergebnis erzielt, weil die Entschädigung nach Billigkeit zu bemessen ist und Schadensursachen, die im Bereich der Klägerin lagen und nicht von den Beklagten an sie herangetragen worden waren, nicht zu deren Haftbarmachung herangezogen werden konnten. Gegenüber der Auffassung des Kammergerichts, daß jeder der Beklagten nur zu dem Anteil hafte, mit dem gerade seine Bauarbeiten zum Faulen des Baurostes beigetragen hatten, war von der Klägerin vorgebracht worden, jeder der Beklagten habe den gesamten Schaden mitverursacht, da seine Handlung den Gesamterfolg des Unbrauchbarwerdens des Rostes durch Fäulnis mitwirkend herbeigeführt habe; deswegen hafte jeder der Beklagten auf das Ganze. Diese Ansicht wäre richtig gewesen, wenn das Kammergericht einen Schadenersatz aus unerlaubter Handlung zuerkannt hätte. Die Rechtsfolge ist aber anders bei einem Aufopferungsanspruch; dieser kann gegen die einzelnen Klageverpflichteten nicht weiter gehen, als diese mit der Abwehrklage hätten belangt werden können, wenn eine solche nicht aus Gründen der Gemeinnützigkeit ausgeschlossen gewesen wäre. Eben dahin führt auch die Überlegung, daß der Zahlungsanspruch der Klägerin eine Entschädigung für das Opfer gewähren sollte, das sie dem gemeinnützig handelnden Bauherrn zu bringen hatte. Es würde der Gerechtigkeit widersprechen, wenn jemand, der nur wenig zu einem großen Schaden beigetragen hat, auf das Ganze in Anspruch genommen werden könnte. Soweit mehrere Personen für eine und dieselbe Einwirkung verantwortlich waren, hafteten sie nebeneinander als Gesamtschuldner. (V, 21. April 1941.)

Amtl. Sammlg. S. 14—40.

Vgl. Bd. 95 S. 103; Bd. 97 S. 29, 290; Bd. 98 S. 347; Bd. 103 S. 174; Bd. 113 S. 301; Bd. 122 S. 134; Bd. 126 S. 356; Bd. 130 S. 108, 217; Bd. 132 S. 51; Bd. 133 S. 152; Bd. 140 S. 276; Bd. 144 S. 170, 334; Bd. 145 S. 296; Bd. 149 S. 34; Bd. 154 S. 161; Bd. 155 S. 154, 316, 389; Bd. 159 S. 129; JW. 1910 S. 150; 1923 S. 288; 1932 S. 1046; 1936 S. 804.

3. Aktiengesellschaft. Erwerb eigener Aktien. Konzern. Abhängigkeit. Rückwirkung. (AktG. §§ 15, 65.) Zum Zweck der Herbeiführung eines elektro-wirtschaftlichen Zusammenschlusses in Thüringen fanden im Jahr 1933 Verhandlungen zwischen mehreren Aktiengesellschaften statt. Im April 1933 kam eine Vereinbarung zustande, wodurch sich die Aktiengesellschaft Kraftwerk Th. (nachfolgend KW. bezeichnet) verpflichtete, der Elektrizitätsaktiengesellschaft D. (nachfolgend ElD. bezeichnet) RM. 130000 nom. Aktien der Thüringer Elektrizitäts- und Gaswerke (nachfolgend Thega bezeichnet) zum Kurse von 120% zu verkaufen; für den Fall, daß bis zum 1. Juli 1936 zwischen ihnen und anderen, ausdrücklich benannten Aktiengesellschaften eine Einigung über einen Zusammenschluß nicht zustande käme, sollte die ElD. verpflichtet sein, die Aktien unter den gleichen Bedingungen zurückzuübereignen. Durch spätere Vereinbarungen wurde der Posten auf 118000 RM. nom. herabgesetzt. Dieser Posten wurde übertragen. Im Dezember 1936 wurde die ElD. mit der Aktiengesellschaft SW. verschmolzen. Da es zu dem Zusammenschluß nicht kam, forderte die KW. die SW. auf, ihr die 118000 RM. nom. Aktien der Thega bis 1. Juli 1938 zurückzuerstatten. Im Dezember 1938 wurde hierauf Klage erhoben. Das Berufungsgericht gab ihr statt. Die Revision der Beklagten hatte keinen Erfolg. Die beklagte Gesellschaft hatte eingewendet, daß sich der geplante Zusammenschluß infolge der staatlichen Erneuerung und der durch die nationalsozialistische Gesetzgebung auf dem Gebiete der Energiewirtschaft geschaffenen Verhältnisse verzögert habe, daß aber der Gedanke daran noch nicht aufgegeben worden sei; dem Verlangen der Klägerin stehe auch § 65 AktG. entgegen, weil die Klägerin von der Thega beherrscht werde. Für den Fall, daß dies zutraf, erklärte das Reichsgericht, daß § 65 AktG., obwohl dieses erst am 1. Oktober 1937 in Kraft trat, auch auf die der Klage zugrunde liegende Vereinbarung anzuwenden sei. Wenn diese Bestimmung vorschreibt, daß verbotswidrige schuldrechtliche Geschäfte über den Erwerb eigener Aktien nichtig seien, läßt das den Schluß zu, daß sich diese Nichtigkeit auch auf Geschäfte erstreckt, die früher abgeschlossen worden sind. Mag zwar in der Regel für das Zustandekommen und die rechtliche Wirksamkeit eines Schuldverhältnisses das Recht maßgebend sein, unter dessen Geltung es entstanden ist, und einem späteren Gesetz rückwirkende Kraft nur dann zukommen, wenn es sich selbst solche beilegt, so braucht das doch nicht mit ausdrücklichen Worten zu geschehen. Auch aus der Art und Bedeutung einer neuen Gesetzesvorschrift kann hervorgehen, daß sie auch zeitlich zurückliegende Rechtsverhältnisse erfassen will. Der Erwerb eigener oder ihnen gleichgestellter Aktien war schon nach früherem Recht mißbilligt; wenn nunmehr die darauf abzielenden schuldrechtlichen Geschäfte für nichtig erklärt wurden, ließ das den Schluß zu, daß die Nichtigkeit auch früher zustande gekommene Geschäfte dieses Inhalts erfassen wollte. Durch die Vorschrift sollen Gläubiger und Aktionäre vor den Gefahren geschützt werden, die sich daraus ergeben, daß durch solchen Erwerb das Vermögen der Gesellschaft verschlechtert und der Aktionär, dessen Aktien erworben werden, zum Nachteil der übrigen Aktionäre bevorzugt wird. Ihre Wirksamkeit wäre weitgehend in Frage gestellt, wenn sie nicht auch gegenüber altrechtlichen, noch nicht abgewickelten Verpflichtungsgeschäften durchgriffe. Die Klägerin konnte sich auch nicht darauf berufen, daß durch den Erwerb der Aktien zu dem ihr früher gezahlten Preis ihre Vermögenslage nicht verschlechtert, sondern verbessert würde. Die Vorschrift stellt ihre Anwendbarkeit nicht darauf ab, ob im einzelnen Falle die Gefahren begründet werden, denen mit dem Verbot begegnet werden soll. Das Verbot erstreckt sich auch auf Geschäfte, durch die im Ergebnis ein früherer Zustand wiederhergestellt werden soll. Entscheidend für die Klage war hienach, ob zwischen der Klägerin und der Thega ein Abhängigkeitsverhältnis bestand. Ein solches Verhältnis liegt vor, wenn das herrschende Unternehmen über

Mittel verfügt, die es ihm ermöglichen, das abhängige Unternehmen seinem Willen zu unterwerfen und diesen bei ihm durchzusetzen. Welche Mittel das sind, ist ohne Belang. Neben rechtlichen Gestaltungen können es auch tatsächliche Gegebenheiten sein, die einem Unternehmen das Übergewicht über ein anderes verleihen. Voraussetzung ist aber, daß das herrschende Unternehmen selbst imstande ist, seinen Einfluß auszuüben und hiefür nicht auf die Mitwirkung anderer Personen angewiesen ist, auf die es nicht mit Bestimmtheit rechnen kann. Die Thega besaß 27,7% des Grundkapitals der Klägerin; das genügte nicht, um dieser ihren Willen aufzuzwingen. Dazu wäre sie nur in der Lage gewesen, wenn auch zwei ihrer Großaktionäre ihr beigestanden hätten. Für die Begründung einer auf dem Beistand eines Mitgesellschafters beruhenden Herrschaft bedarf es allerdings nicht immer einer rechtlichen Bindung, die diesen zur Unterstützung verpflichtet; die tatsächliche Notwendigkeit kann sich ergeben, mit einem Mitgesellschafter zusammenzugehen. Das Vorbringen der Beklagten ergab aber nichts, was für die tatsächliche Notwendigkeit einer Unterordnung in diesem Sinne sprach. Die bei der Klägerin und der Thega bestehende Einheitlichkeit der leitenden Persönlichkeiten machte wohl eine wirtschaftliche Verflechtung der beiden Unternehmungen offenbar, begründete aber nicht notwendig die Beherrschung des einen Unternehmens durch das andere. (II, 21. April 1941.)

Amtl. Sammlg. S. 40—55.

Vgl. Bd. 43 S. 23; Bd. 46 S. 177; Bd. 47 S. 103; Bd. 66 S. 409; Bd. 77 S. 71; Bd. 87 S. 339; Bd. 121 S. 99; Bd. 146 S. 84; Bd. 149 S. 385.

4. Polizeipflicht. Eigentumsstörung. Geschäftsführung ohne Auftrag. Zwischenurteil. (BGB. §§ 679, 683, 1004; PrPolVerwG. §§ 14, 18—21, 41, 44, 70; ZPO. § 304). K. war Eigentümer eines Steinbruchs, der sich nahe einem Gleis der Reichsbahn befand; er hatte E. die Ausbeute überlassen. Die Reichsbahn befürchtete von dem Betrieb des Steinbruchs eine Gefährdung des Bahnbetriebes und verlangte die Vornahme von Arbeiten, die eine solche Gefährdung beseitigten. Da ihrem Verlangen keine Folge gegeben wurde, wandte sie sich an den Landrat des Kreises um Abhilfe. Dieser erließ eine Polizeiverfügung, worin die Reichsbahn zur Vornahme der notwendigen Arbeiten aufgefordert wurde; K. wurde diese Verfügung zur Kenntnisnahme mit der Aufforderung zugestellt, die Arbeiten zu dulden. Die Reichsbahn legte Beschwerde gegen die Verfügung ein mit der Begründung, daß sie die Kosten der Arbeiten nicht tragen wolle; sie nahm sie aber wieder zurück, nachdem ihr auf Anregung des Regierungspräsidenten durch den Landrat eröffnet worden war, daß sie sich über die Kostenfrage beruhigen könne. Nach Durchführung der Arbeiten verlangte sie von K. und E. als Gesamtschuldnern Ersatz ihrer Auslagen. Die Klage wurde durch ein Zwischenurteil als dem Grunde nach gerechtfertigt anerkannt; die Frage, wieweit die Maßnahmen im einzelnen notwendig waren, wurde dem Betragsverfahren vorbehalten. Die Revision der Beklagten hatte keinen Erfolg. Die Polizeiverfügung war allerdings gesetzwidrig erlassen worden. Die Klägerin war nicht polizeipflichtig, weil der ordnungswidrige Zustand nicht von ihr bewirkt worden war; gegen eine nicht polizeipflichtige Person können Maßnahmen zur Beseitigung einer Störung oder Abwendung einer Gefahr nur angeordnet werden, wenn eine andere Möglichkeit hiefür nicht besteht. Dafür lag nichts vor. Wenn auch die Gefahr für den Bahnkörper eine möglichst schnelle Beseitigung erheischte und diese durch die Klägerin am besten gewährleistet erschien, war es doch nicht unmöglich, den gefährlichen Zustand dadurch zu beheben, daß man den Beklagten die schleunigste Beseitigung aufgab und sie durch polizeilichen Zwang dazu anhielt. Aber immerhin war die Verfügung rechtskräftig geworden und die Klägerin konnte also nicht damit gehört werden, daß sie ein Geschäft für die eigentlich Polizeipflichtigen besorgt habe. Dagegen ließ sich ihr Anspruch aus Geschäftsführung ohne Auftrag damit begründen, daß die beiden Beklagten durch den Betrieb des Steinbruchs das Eigentum der Klägerin gestört hatten und somit zur Vornahme der Arbeiten, durch welche die Störung beseitigt werden konnte, verpflichtet waren. Indem die Klägerin diese Arbeiten ausführte, besorgte sie ein Geschäft für die Beklagten; das wurde auch nicht dadurch ausgeschlossen, daß sie der ihr polizeilich gemachten Auflage nachkam. Sie hatte auch ihren Willen, die Arbeiten auf Rechnung der Beklagten auszuführen, deutlich zu erkennen gegeben. Daß die schnellste Beseitigung der dem Bahnkörper drohenden Gefahr im öffentlichen Interesse lag, bedurfte keiner besonderen Begründung. Es war auch nicht notwendig, daß die Beklagten durch den Landrat aufgefordert wurden, die Arbeiten selbst vorzunehmen; da sie bei der Ortsbesichtigung und den Besprechungen anwesend waren, wäre es ihre Sache gewesen, ihre Bereitwilligkeit zur Beseitigung der Gefahr zum Ausdruck zu bringen. Die Frage, wieweit die Klägerin die Maßnahmen als notwendig ansehen durfte, war mit Recht dem Betragsverfahren vorbehalten worden. Für die Entscheidung über den Grund des Anspruchs genügte es, daß überhaupt Maßnahmen erforderlich waren und daß die Klägerin erfolgreiche Arbeiten durchgeführt hatte. Im Betragsverfahren konnte geprüft werden, ob sich die Gefahr nicht auch auf weniger kostspielige Weise hätte beseitigen lassen und ob die Klägerin das bei genügender Sorgfalt hätte erkennen müssen. (VI, 29. April 1941.)

Amtl. Sammlg. S. 55—60.
Vgl. Bd. 149 S. 205.

5. **Aufrechnung mit fremder Währung.** (BGB. §§ 244, 388, 389, 391.) K. betrieb in L. eine Handschuhfabrik. M., der in einer Stadt in Pennsylvanien seinen Wohnsitz hatte, stellte ihm mehrfach Geldmittel für den Betrieb zur Verfügung. Im Herbst 1922 wandelte K. sein Unternehmen in eine Aktiengesellschaft um; an dem Aktienkapital war er selbst mit 55%, M. mit 45% beteiligt. Im Juli 1932 trat K. zwei ihm gegen M. zustehende Forderungen in der Höhe von 29360 nordamerikanischen Dollar an die Aktiengesellschaft ab. Diese belastete Ende 1932 das laufende Guthaben von M. mit diesen Forderungen, deren Betrag sie auf 123000 RM. umrechnete; das für M. ausgewiesene Guthaben von 105300 RM. brachte sie damit zum Ausgleich. M. widersprach dieser Verbuchung der abgetretenen Forderungen und iherer Verrechnung. Die Aktiengesellschaft klagte auf Feststellung, daß sie ihm nichts mehr schulde. Das Landgericht wies die Klage ab. Während des Berufungsverfahrens brachte die Klägerin einen Bescheid der Devisenstelle bei, wonach ausnahmsweise die Genehmigung zu der am 31. Dezember 1932 vorgenommenen Aufrechnung in der Höhe von 105300 RM. nachträglich erteilt wurde. Das Berufungsgericht gab der Klage statt. Das Reichsgericht verwies die Sache zurück. Unrichtig war die Annahme der Revision, daß auf den Sachverhalt das im Staate Pennsylvanien geltende Recht anzuwenden sei, da die zur Aufrechnung gestellten Forderungen dort zu erfüllen seien. Für die Aufrechnung spielt es aber keine Rolle, ob für die gegeneinander gestellten Forderungen verschiedene Erfüllungsorte bestehen. Das Berufungsgericht hatte die Befugnis der Klägerin, ihre Dollarforderung gegen ihre Reichsmarkschuld zu verrechnen, im Wege der ergänzenden Vertragsauslegung aus den vertraglichen Beziehungen der Parteien hergeleitet; dagegen bestand kein Be-

denken. War aber die Aufrechnung zulässig, so entfiel mit ihr die Ungleichartigkeit des Forderungsgegenstandes; die Forderung der Klägerin, auch wenn sie in Dollar ausgedrückt war, war damit eine Forderung geworden, die in deutscher Währung bezahlt werden konnte. Das Berufungsgericht hatte aber das wesentliche Tatbestandsmerkmal der Erklärung der Aufrechnung außer acht gelassen; es hatte anscheinend die buchmäßige Verrechnung für genügend angesehen. Die Aufrechnung geschieht durch Abgabe der Erklärung an den Aufrechnungsgegner; diese kann formlos und auch durch schlüssige Handlungen abgegeben werden. Von wesentlicher Bedeutung ist aber die Feststellung des Zeitpunktes der Erklärung. Dieser Zeitpunkt ist auch dafür entscheidend, zu welchem Umrechnungswert ausländische Währungsforderungen und Währungsschulden getilgt werden. Mit Unrecht hatte das Berufungsgericht es auf den deutschen Gegenwert für die Dollarforderung am 31. Dezember 1932 abgestellt; ebenso unrichtig war aber die Auffassung der Revision, daß die Mitteilung einer beglaubigten Abschrift der Genehmigung der Devisenstelle hierfür maßgebend gewesen sei. Die Genehmigung der Devisenstelle war eine im öffentlichen Recht wurzelnde, aber bürgerlichrechtlich wirkende Voraussetzung zur Wirksamkeit der Aufrechnung, aber kein Bestandteil der Aufrechnungserklärung selbst. Auf welchem Wege und wann das Vorhandensein dieser Voraussetzung dem Erklärungsgegner mitgeteilt oder nachgewiesen wird, ist für die Wirksamkeit der Aufrechnung belanglos. (VII, 16. Mai 1941.) Amtl. Sammlg. S. 60—64.

Vgl. Bd. 101 S. 312; Bd. 106 S. 99; JW. 1911 S. 711.

6. Gesellschaft mit beschränkter Haftung. Bevorrechtigte Geschäftsanteile. Machtmißbrauch. Gute Sitten. (BGB. §§ 138, 242; GmbHG. §§ 29, 46.) Eine G. m. b. H. hatte nach ihrer Satzung bevorrechtigte und nicht bevorrechtigte Gesellschafter; nur die bevorrechtigten Gesellschafter waren befugt, an den Gesellschafterversammlungen teilzunehmen. Von dem Gewinn sollten nach der Satzung die nicht bevorrechtigten Gesellschafter 5% des Nennbetrags ihrer Geschäftsanteile erhalten; der überschießende Gewinn gebührte den Inhabern der bevorrechtigten Geschäftsanteile. Bevorrechtigte Mitglieder waren zwei Brüder, die von dem 410500 RM. betragenden Stammkapital der Gesellschaft zusammen nur 5000 RM. besaßen. Im Jahr 1927 hatte die Gesellschaft einen Gewinn von 143000 RM. Nach Abzug des auf die nicht bevorrechtigten Gesellschafter entfallenden Gewinns verblieb noch ein Rest von 112000 RM. Durch

Beschluß der Gesellschafterversammlung vom 21. September 1928 wurden hiervon 50000 RM. den beiden bevorrechtigten Gesellschaftern zugewiesen; der Rest von 62000 RM. wurde auf neue Rechnung vorgetragen bis zur anderweitigen Verfügung der bevorrechtigten Gesellschafter. Der Betrag wurde in den folgenden Jahren auf einem besonderen Konto geführt mit der Bezeichnung: Rücklagekonto nicht ausgeschütteter Gewinnanteile der bevorrechtigten Gesellschafter. In den folgenden Jahren arbeitete die Gesellschaft mit Verlust. In der Gesellschafterversammlung vom 23. November 1931 wurde beschlossen, die 62000 RM. zur teilweisen Deckung des Verlustes zu verwenden mit der Maßgabe, daß dieser Betrag den bevorrechtigten Gesellschaftern im Fall einer Liquidation wieder zur Verfügung zu stellen sei. Im Jahr 1938 beschlossen die bevorrechtigten Gesellschafter die Auflösung und Abwicklung der Gesellschaft; auf die Gesellschafter entfielen ungefähr 50% des Nennbetrags ihrer Geschäftsanteile. Die Erbin des einen der bevorrechtigten Gesellschafter klagte auf Auszahlung der Hälfte des zurückgelegten Betrages von 62000 RM. mit der Begründung, daß durch den Auflösungsbeschluß die im Beschluß vom 23. November 1931 vorgesehene Bedingung, unter der der Betrag den bevorrechtigten Gesellschaftern zur Verfügung gestellt werden müsse, eingetreten sei. Das Landgericht gab der Klage statt; das Berufungsgericht wies sie ab. Die Revision der Klägerin hatte keinen Erfolg. Ein Gläubigerrecht der Gesellschafter einer G. m. b. H. auf den bilanzmäßig ausgewiesenen und satzungsgemäß in bestimmter Weise zu verteilenden Reingewinn eines Geschäftsjahres entsteht nicht schon mit der Genehmigung der Bilanz, sondern erst mit dem Beschluß der Gesellschafter, den Reingewinn in bestimmter Weise zu verteilen. Der Beschluß vom 21. September 1928 hatte also einen Anspruch der bevorrechtigten Gesellschafter auf die 62000 RM. nicht begründet. Den Beschluß hatte das Berufungsgericht in dem Sinne ausgelegt, daß die bevorrechtigten Gesellschafter, denen an sich dieser Gewinnanteil zustand, den Vortrag auf neue Rechnung beschlossen und sich vorbehielten, im folgenden Jahr über die Verwendung neu zu beschließen. So verstanden hatte der Beschluß keine rechtliche Bedeutung. Er konnte aber auch in dem Sinne verstanden werden, daß die bevorrechtigten Gesellschafter ihr gesellschaftliches Anrecht auf diesen Teil des Reingewinns behalten wollten, so daß die anderweitige Verfügung darüber nur hinausgeschoben wurde. Dafür sprach die im Beschluß enthaltene ausdrückliche Hervorhebung, daß der Gewinnvortrag den bevorrechtigten Gesellschaftern gemäß dem Gesellschaftsvertrag allein zustehe, und daß in den folgenden Jahren der Betrag als Rücklagekonto nicht ausgeschütteter Gewinnanteile der bevorrechtigten Gesellschafter bezeichnet wurde. Bei solcher Auslegung enthielt der Beschluß vom 23. November 1931 die im Beschluß vom 21. September 1928 vorbehaltene endgültige Verfügung über den restlichen Gewinnanteil aus dem Jahr 1927 in dem Sinne, daß dieser Gewinnanteil der G. m. b. H. zur Verlustdeckung überlassen wurde unter der auflösenden Bedingung, daß er den bevorrechtigten Gesellschaftern im Falle der Liquidation wieder zur Verfügung zu stellen war. Das schloß dann die Auslegung der Beklagten aus, daß der Betrag im Falle der Abwicklung den bevorrechtigten Gesellschaftern erst dann zustehen solle, wenn nach voller Befriedigung nicht nur der Gläubiger, sondern auch der Anteilseigner noch ein Überschuß vorhanden sei; der Anteil auf den Jahresgewinn für das Geschäftsjahr 1927 stand dann den bevorrechtigten Gesellschaftern ohne Rücksicht hierauf zu und diese konnten den Anspruch hierauf bei der Abwicklung ohne weiteres geltend machen. Der Klage stand aber entgegen, daß in dem Beschluß der nur aus den beiden bevorrechtigten Gesellschaftern bestehenden Gesellschafterversammlung vom 21. September 1938 ein Mißbrauch ihrer Machtstellung lag, der gegen die guten Sitten verstieß und den Beschluß ungültig machte. Die bevorrechtigten Gesellschafter hatten sich schon im Gesellschaftsvertrag ganz ungewöhnliche Vorteile gesichert. Während alle übrigen Gesellschafter nur mit 5% ihrer Anteile am Gewinn teilnahmen, hatten sie ein Anrecht auf den ganzen Rest des Reingewinns. Das hatte die Wirkung, daß auf die bevorrechtigten Anteile von nur 5000 RM. nach der Satzung im Jahr 1927 ein Reingewinn von über 100000 RM. entfiel, wovon sie 50000 RM. = 1000% sich auch beschlußmäßig zuteilten. Auch die weiteren 62000 RM. in ihre Taschen fließen zu lassen, trugen die bevorrechtigten Gesellschafter offenbar selbst Bedenken, da sie eine ungünstige Entwicklung der folgenden Geschäftsjahre voraussahen. Auf Grund ihrer Treupflicht wäre ihnen schon damals zuzumuten gewesen, den Betrag von 62000 RM. vorbehaltlos der Gesellschaft zum Vortrag auf neue Rechnung zu überlassen, zumal ihnen ja, wenn sich in den folgenden Jahren Gewinne von mehr als 5% des Stammkapitals ergaben, ohne weiteres wieder die gleichen Vorrechte auf den Restgewinn zustanden. Ganz offenkundig lag ein Mißbrauch ihrer Machtstellung beim Beschluß vom 23. November 1931 zutage. Obwohl der Jahresabschluß für 1930 einen Verlust von 78000 RM. ergab, hielten die bevorrechtigten Gesellschafter daran fest, daß sie nach wie vor ein Anrecht auf den einstweilen stehengebliebenen Restgewinn des Jahres 1927 hätten. Dieses Geschäftsgebaren verstieß gegen die guten Sitten. Allerdings machte ein solcher Verstoß, da er nicht schon aus dem Inhalt des Beschlusses zu ersehen war, sondern sich nur aus den Begleitumständen ergab, den Beschluß nicht nichtig, sondern nur anfechtbar. Aber selbst wenn der Beschluß gültig zustande gekommen und mangels Anfechtung gültig geblieben sein sollte, wäre es doch mit dem gesunden Volksempfinden unvereinbar, wenn die Klägerin aus einem solchen Beschluß für sich Rechte herleiten könnte, durch welche die anderen Gesellschafter unbillig beeinträchtigt würden. Dem Anspruch der Klägerin stand also der Einwand der unzulässigen Rechtsausübung, des Mißbrauchs einer formalen Rechtsstellung, entgegen. (II, 24. April 1941.) Amtl. Sammlg. S. 65—76. Vgl. Bd. 87 S. 366; Bd. 98 S. 320; Bd. 143 S. 139; Bd. 161 S. 144; Bd. 166 S. 129; JW. 1930 S. 3735.

7. **Haftung mehrerer Anwälte. Mitverschulden.** (BGB. §§ 254, 278; ZPO. §§ 707, 708, 713, 719.) W. erhob gegen B. Klage auf Zahlung von 30000 RM. nebst Zinsen. Der Klage wurde durch ein Urteil vom 23. Oktober 1934 stattgegeben. Die Berufung wurde am 3. April 1936 zurückgewiesen; das Urteil wurde für vorläufig vollstreckbar erklärt. W. ließ Forderungen des B. pfänden und sich zur Einziehung überweisen; der Beschluß erging am 23. April 1936. Der Betrag der Forderungen wurde am 4. Juli 1936 an W. ausbezahlt. Am 27. Mai 1936 hatte B. gegen das Urteil Revision eingelegt; durch Urteil des Reichsgerichts vom 26. Februar 1937 wurde die Sache an das Berufungsgericht zurückverwiesen. Dieses wies am 27. September 1938 die Klage ab und verurteilte auf die Widerklage W. zur Zurückzahlung der beigetriebenen Beträge. Das Urteil erlangte die Rechtskraft. Die Vollstreckung gegen W. war ergebnislos. B. klagte nun gegen den Rechtsanwalt V., der ihn im ersten Rechtszug vertreten hatte, auf Schadenersatz mit der Begründung, daß V. schuldhafterweise unterlassen habe, gemäß § 713 ZPO. zu beantragen, daß ihm gestattet würde, die Vollstreckung durch Sicherheitsleistung abzuwenden. Der Beklagte erwiderte, daß noch im Revisionsverfahren gemäß § 719 ZPO. die einstweilige Einstellung der Zwangsvollstreckung hätte herbei-

geführt werden können, und daß die Unterlassung eines dahingehenden Antrags auf das Verschulden des Generalbevollmächtigten des Klägers, H., und seines Prozeßbevollmächtigten im Revisionsverfahren, S., zurückzuführen sei; deren Verschulden müsse der Kläger sich anrechnen lassen; die Stellung eines solchen Antrags hätte Erfolg gehabt, da W. Jude war, sich viel im Auslande aufhielt und wiederholt Gesuche um Beschleunigung der Sache wegen Geldbedürftigkeit gestellt habe. Das Landgericht gab der Klage statt. Das Berufungsgericht wies sie ab. Die Revision des Klägers hatte keinen Erfolg. Ohne Rechtsverstoß hatte das Berufungsgericht in der Unterlassung des Antrags aus § 713 ZPO. ein Verschulden des Beklagten erblickt, das auch ursächlich für den eingetretenen Schaden war, da der Kläger in der Lage gewesen wäre, Sicherheit zu leisten; es hatte die Klage abgewiesen, weil die Rechtsanwälte H. und S. es schuldhaft unterlassen hätten, die drohende Gefahr eines Schadens durch einen rechtzeitigen Antrag auf Einstellung der Vollstreckung beim Revisionsgericht abzuwenden, und dieses Verschulden der beiden Rechtsanwälte, das sich der Kläger zurechnen lassen müsse, jenes des Beklagten bei weitem überwiege. Im Ergebnis trat dem das Reichsgericht bei. Der Antrag aus § 719 ist auch dann zulässig, wenn die Vollstreckung schon im Berufungsverfahren durch einen Antrag nach § 713 hätte verhindert werden können. Vom Rechtsstandpunkt aus nicht zu beanstanden war auch die Annahme, daß dem Antrag mit Rücksicht auf die Rassenzugehörigkeit des W., seine Auslandsreisen und seine mit Geldbedürftigkeit begründeten Anträge auf beschleunigte Entscheidung stattgegeben, die Zwangsvollstreckung eingestellt und die Auszahlung der gepfändeten Beträge verhindert worden wäre. Die Revision war hauptsächlich damit begründet worden, daß der Beklagte nicht wegen eines Verschuldens der beiden anderen Anwälte von seiner Schadenersatzpflicht freikommen könne, sondern als Gesamtschuldner neben ihnen für den durch seine Unterlassung in erster Linie verursachten Schaden verantwortlich bleiben müsse. Das erklärte das Reichsgericht für rechtsirrig. Grundsätzlich kann zwar, wenn mehrere Personen für einen Schaden verantwortlich sind, sich keine von ihnen zu seiner Entlastung gegenüber dem Geschädigten auf das Mitverschulden oder das überwiegende Verschulden der anderen berufen; die Anwendung des § 254 BGB. ist aber nicht ausgeschlossen, wenn dem Geschädigten gegenüber einem der Schädiger eine Pflicht zur Verhütung oder Minderung des Schadens oblag und einer der anderen Schädiger insoweit sein Erfüllungsgehilfe war. Kraft der ihm aus dem Anwaltsdienstvertrag obliegenden Treupflicht war der Kläger gehalten, jedes ihm zur Verfügung stehende Mittel zu ergreifen, um die aus dem Versehen des Beklagten für ihn entstandene gefahrdrohende Lage zu beseitigen; insbesondere hätte er beim Revisionsgericht den Antrag auf Einstellung der Zwangsvollstreckung alsbald anbringen lassen müssen, wenn es vom Beklagten versehentlich unterlassen worden war, vor der Verkündung des Urteils im Berufungsverfahren die zur Abwendung der Vollstreckung erforderlichen Anträge zu stellen, und Anhalt dafür vorhanden war, daß der Gegner alsbald vollstrecken werde. Diese Verpflichtung hätten die beiden Anwälte, die im Revisionsverfahren für ihn tätig waren, an seiner Stelle erfüllen müssen; er mußte sich also ihre Unterlassungen gemäß §§ 254, 278 BGB. zurechnen lassen. Im gegebenen Falle kam dazu, daß der Beklagte wiederholt den Generalbevollmächtigten des Klägers, H., auf die Stellung des Antrags hingewiesen hatte. S., der dem Kläger als Streitgehilfe beigetreten war, hatte sich darauf berufen, daß die Aufgabe des Revisionsanwalts nur die Nachprüfung des Urteils in rechtlicher Hinsicht sei, daß er aber mit der Durchführung des Urteils, seiner Vollstreckung, nichts zu tun habe und daher auch nicht verpflichtet sei, einen Antrag aus § 719 ZPO. zu stellen oder anzuregen. Das Reichsgericht erklärte diesen Standpunkt für eng, unterließ aber, dazu weiter Stellung zu nehmen, weil S. sich darauf verlassen konnte, daß H. als der Generalbevollmächtigte des Klägers in dieser Hinsicht nach dem Rechten sehen werde. Einer Aufhebung des Urteils bedurfte es nicht, weil schon das überwiegende Verschulden des Rechtsanwalts H. allein die Abweisung der Klage rechtfertigte. Unerheblich war es, wenn der Beklagte die beiden anderen Anwälte nicht auf die für die Glaubhaftmachung, daß die Vollstreckung einen nicht zu ersetzenden Nachteil bringen werde, geeigneten Tatsachen hingewiesen hatte; diese Tatsachen waren aus den sowohl H. als S. zur Verfügung stehenden Handakten der Anwälte der unteren Rechtszüge hinlänglich zu entnehmen. Sie besonders darauf hinzuweisen war der Beklagte nicht verpflichtet. (III, 25. April 1941.)

Amtl. Sammlg. S. 76—85.

Vgl. Bd. 55 S. 329; Bd. 83 S. 249; Bd. 115 S. 85; Bd. 119 S. 152; Bd. 123 S. 216; Bd. 140 S. 1; Bd. 141 S. 352; Bd. 144 S. 297.

8. Lebensrettung. Auftrag. Geschäftsführung ohne Auftrag. Aufwendung. Gesetzeslücke. (BGB. §§ 670, 683, 844, 845; RVO. §§ 553a, 1542; StGB. § 330c.) Eine Frau, die in tiefes Wasser gefallen war, rief laut um Hilfe. Zwei Arbeiter eilten hinzu; der eine sprang sofort in das Wasser, ging aber unter und ertrank. Der andere konnte die Frau an das Ufer bringen. Die Witwe und die Kinder des ertrunkenen Arbeiters klagten gegen die Frau und deren Ehemann auf Zahlung von Renten. In zwei Rechtszügen wurden die Ansprüche dem Grunde nach für gerechtfertigt anerkannt. Das Reichsgericht verwies die Sache zurück. Mit Recht hatte das Berufungsgericht es abgelehnt, ein Auftragsverhältnis anzunehmen, weil in dem Hilferuf einer in der Gefahr des Ertrinkens befindlichen Person kein rechtsgeschäftlicher Auftrag zu erblicken war. Dagegen war eine, wenn auch auftraglose, aber doch dem Interesse und dem Willen der beiden Beklagten entsprechende Geschäftsführung ohne Auftrag anzunehmen. Geschäftsherren waren die beiden Beklagten, nicht nur die beklagte Ehefrau; daß deren Rettung nicht nur ihrem eigenen Interesse und mutmaßlichen Willen entsprach, sondern auch dem ihres Ehemannes, folgte aus dem Wesen der Ehe, bei der es als selbstverständlich zu betrachten ist, daß ein Ehegatte die Maßnahmen zur Errettung des in Lebensgefahr geratenen anderen Ehegatten gutheißt. Daß die Tätigkeit des ertrunkenen Arbeiters für die Rettung der Frau nicht nutzlos gewesen war, ergab der unstreitige Sachverhalt. Er hätte also, wenn er am Leben geblieben wäre, von den beiden Beklagten Ersatz seiner Aufwendungen verlangen können. Die rechtliche Schwierigkeit lag darin, daß die Aufwendung in dem Einsatz seines Lebens bestand, durch dessen Verlust seine Hinterbliebenen ihres Ernährers beraubt wurden. Die bisherige Rechtsprechung hat es abgelehnt, einen Anspruch der Hinterbliebenen des Beauftragten oder Geschäftsführers, der sich aufgeopfert hat, anzuerkennen; das Reichsgericht erklärte aber, daß hiebei nicht stehen geblieben werden könne. Das Gesetz enthält eine Lücke, die aus seinem Zusammenhang auszufüllen ist. Hätte der verunglückte Arbeiter bei der Rettungstätigkeit nicht sein Leben, wohl aber seine Gesundheit und Erwerbsfähigkeit eingebüßt, so müßten schon auf der Grundlage der bisherigen Rechtsprechung die Beklagten als verpflichtet angesehen werden, ihn dafür in vollem Umfange zu entschädigen; es ist aber undenkbar, daß darum, weil er das größere Opfer seines Lebens gebracht hat, die Beklagten von jeder Entschädigungspflicht frei sein sollen.

Sinngemäß muß in einem solchen Falle der Ersatzanspruch denen zustehen, die zwar nicht selbst Geschäftsführer waren, aber von dessen Opfer unmittelbar betroffen sind. Der Kreis dieser Personen ist in den §§ 844, 845 BGB. sachgemäß abgegrenzt. Wenn diese Vorschriften sich nur im Schadenersatzrecht finden, steht das doch ihrer entsprechenden Anwendung auf Fälle der vorliegenden Art nicht entgegen, weil sie geeignet sind, die Gesetzeslücke befriedigend zu schließen. Daraus, daß § 330c StGB. eine allgemeine Hilfepflicht in Unglücksfällen aufstellt, läßt sich gegen derartige Entschädigungsansprüche nichts ableiten, ebensowenig daraus, daß § 553a RVO. den Hinterbliebenen von Personen, die bei einer Lebensrettung ihr Leben verloren haben, eine Unfallentschädigung zuerkennt. Durch die Einführung dieser Vorschrift sollten keineswegs bürgerlichrechtliche Entschädigungsansprüche beseitigt werden. Die Vorschrift hat aber zusammen mit § 1542 RVO. die Wirkung, daß die bürgerlichrechtlichen Entschädigungsforderungen der Hinterbliebenen auf den Versicherungsträger übergehen, soweit dieser Entschädigung zu gewähren hat. Das ist ausdrücklich wohl nur für die Fälle aus unerlaubten Handlungen vorgesehen, muß aber auch für Fälle dieser Art gelten. Das Revisionsgericht war nicht in der Lage, das Maß des Forderungsübergangs zu prüfen, da es an einer Feststellung der den Klägern nach § 553a RVO. zustehenden Renten mangelte. (VI, 7. Mai 1941.)

Amtl. Sammlg. S. 85—92.

Vgl. Bd. 94 S. 171; Bd. 98 S. 199; Bd. 122 S. 305; JW. 1909 S. 311; 1927 S. 441; 1937 S. 152.

9. Baugeld. Entfremdung. Beweislast. Erklärungspflicht. (BaufSichG. § 1; ZPO. § 138.) Der Kaufmann P. wollte auf einem ihm gehörigen Grundstück einen Wohnungsbau aufführen lassen. Er schloß mit einer G. m. b. H. einen Betreuungsvertrag, wodurch diese die Finanzierung des Baues übernahm. Die Baukosten sollten zum Teil durch ein Hypothekdarlehen der Landespfandbriefanstalt aufgebracht werden; für diese wurde eine Hypothek in Höhe von 240000 RM. eingetragen. P. geriet während des Baues in Vermögensverfall und stellte seine Zahlungen ein; die Eröffnung des Konkurses wurde mangels Masse abgelehnt. Das Grundstück wurde auf Antrag der Landespfandbriefanstalt versteigert; eine Tochtergesellschaft der G. m. b. H. erwarb es um 419000 RM. Die auf dem Grundstück liegenden Schulden wurden übernommen; an P. zahlte die Erwerberin 4000 RM. aus. Ein Baulieferant, der noch rund 12000 RM. zu fordern hatte, klagte gegen die G. m. b. H. auf Schadenersatz mit der Begründung, daß sie gemeinsam mit P. gegen das Gesetz zum Schutz der Bauforderungen verstoßen habe. In zwei Rechtszügen wurde die Klage abgewiesen. Das Reichsgericht verwies die Sache zurück. Ein Vertragsverhältnis zwischen dem Kläger und der Beklagten bestand nicht. Auf Grund des Betreuungsvertrags hatte die Beklagte nach den Bescheinigungen des bauleitenden Architekten die Gelder für den Bau anzuweisen; in unmittelbare Beziehungen zu den Baugläubigern trat sie nicht. Insoweit der von der Landespfandbriefanstalt gewährte Kredit für den Bau zu verwenden war, kam die Beklagte als Baugeldempfängerin in Betracht und konnte für die ihr gegenüber der Allgemeinheit, also auch gegenüber dem Kläger obliegende Pflicht zur richtigen Verwendung der Gelder in Anspruch genommen werden. Die Entscheidung hing davon ab, ob für den Bau gegebene Gelder diesem Zweck entfremdet worden waren. Für Zahlungen von rund 10000 RM. an einen Baulieferanten waren keine Nachweise dafür, daß es sich um Bauforderungen handelte, beigebracht worden. Das Berufungsgericht hatte den Kläger als beweispflichtig für die Entfremdung von Baugeldern erachtet und den Nachweis hiefür vermißt. Hiebei war übersehen, daß der Beklagten eine Erklärungspflicht oblag, nachdem der Kläger dargetan hatte, daß die Zahlungen an diesen Lieferanten über die nachgewiesenen Beträge für Lieferungen hinausgingen. Konnte sie darüber keinen Aufschluß geben, so war ihr Bestreiten der vom Kläger genügend begründeten Behauptung einer Baugeldentfremdung unbeachtlich. Es erschien auch billig, daß eine etwaige Unmöglichkeit, die Zahlungsgrundlage aufzuklären, letzten Endes zu Lasten der Beklagten ging; sie hatte die Zahlungen geleistet, während der Kläger als einzelner Baugläubiger genauere Feststellungen darüber zu treffen nicht in der Lage war. Auch bei den Beträgen, die die Beklagte an P. für eine eigenen Lieferungen und Leistungen zahlte, war zweifelhaft, ob sie sich im Rahmen des Gesetzes über die Sicherung der Bauforderungen hielten. Da er neben der Beklagten als Baugeldempfänger anzusehen war, durften ihm diese Lieferungen und Leistungen nur zur Hälfte des angemessenen Wertes vergütet werden, soweit es sich nicht um Löhne für seine Gehilfen und Zahlungen für Lieferungen handelte, die er von anderer Seite bezogen hatte. Völlige Klarheit fehlte hier und war wegen der Länge der inzwischen verstrichenen Zeit und nach dem Tode des P. nicht mehr zu schaffen. Die Beklagte hatte aber auch in dieser Hinsicht eine Erklärungspflicht; dieser hatte sie nicht genügt, wenn sie über die an P. geleisteten Zahlungen keine Auskunft im einzelnen gegeben hatte. (VI, 7. Mai 1941.) Amtl. Sammlg. S. 92—99.

Vgl. Bd. 91 S. 72; Bd. 138 S. 159.

10. Aktiengesellschaft. Verschleierte Sachgründung. Nachgründung. (HGB. §§ 186, 207; AktG. §§ 20, 45; EGzAktG. § 4.) Im Jahr 1927 wurde eine Aktiengesellschaft zum Zweck der Schaffung eines Zementwerkes gegründet. Die Gründung war in der Weise vorbereitet worden, daß J., dem an der Sache besonders gelegen war, Grundstücke in der Weise sicherstellen ließ, daß ihm die Eigentümer befristete Kaufangebote machten und sich verpflichteten, die Grundstücke auf sein Verlangen an dritte Personen aufzulassen; diese Angebote hatte er fristgemäß angenommen. Sodann hatte er mit einer Bank in Kopenhagen Verhandlungen gepflogen und in deren Verlauf die Versicherung abgegeben, daß er die Grundstücke für die Aktiengesellschaft erworben habe und daß die Auflassung an diese erfolgen solle. Das Grundkapital der Aktiengesellschaft betrug 2 Millionen Reichsmark. Hievon übernahm J. 400000 RM., sein Sohn 200000 RM., die dänische Bank 1 Million RM., eine Bank in Lübeck, eine Tochtergesellschaft der dänischen Bank, 400000 RM. Nachdem die Aktiengesellschaft in das Handelsregister eingetragen war, bot ihr J. in notarischer Urkunde die Grundstücke zum Kauf an, und zwar unter den Bedingungen, wie sie in den von ihm abgeschlossenen Verträgen niedergelegt waren; zugleich trat er für den Fall, daß das Angebot angenommen würde, die Auflassungsansprüche an die Aktiengesellschaft ab. Eine Generalversammlung der Gesellschaft, der ein schriftlicher Bericht des Aufsichtsrats über die Prüfung der Grundstücksverkäufe vorgelegt worden war, genehmigte den Erwerb der Grundstücke und ermächtigte den Vorstand zur Vornahme der hiefür erforderlichen Schritte. In notarischer Urkunde vom 2. Mai 1927 nahm der Vorstand der Gesellschaft in deren Namen das Angebot an; die Grundstücke wurden an die Gesellschaft aufgelassen und diese im Grundbuch als Eigentümerin eingetragen. Das an J. zu zahlende Entgelt wurde auf die von ihm zu leistende Einzahlung auf das Aktienkapital verrechnet. Auf dem erworbenen Gelände wurde eine Zementfabrik errichtet. Im Jahr 1928 entstanden Zweifel, ob die Vereinbarungen über die Grundstücke rechtswirksam seien. Um sie zu beheben, wurde in der Generalversammlung vom 29. November 1929 eine Änderung der Satzung dahin beschlossen, daß die durch die Generalversammlung vom 30. April 1927 genehmigten Kaufverträge als Übernahmeverträge anzusehen seien. Die Satzungsänderung wurde am 3. Februar 1930 in das Handelsregister eingetragen und öffentlich bekanntgemacht. Im Jahr 1939 beantragte die Aktiengesellschaft beim Registergericht die Bestellung zweier Gründungsprüfer, da sie vorhabe, gemäß § 45 AktG. eine Nachgründung vorzunehmen. Das Registergericht gab dem Antrag statt und teilte den Prüfern mit, daß ihre Aufgabe in der Prüfung des zwischen J. und der Aktiengesellschaft geschlossenen Vertrags bestehe. In der Hauptversammlung der Gesellschaft vom 20. Juni 1939, in der das inzwischen auf 3 Millionen RM. erhöhte Aktienkapital vollständig vertreten war, wurde auf Grund des von den Prüfern erstatteten Berichts sowie eines Nachgründungsberichts des Aufsichtsrats die nachträgliche Zustimmung zu den Grundstückskäufen vom 23. April und 2. Mai 1927 beschlossen. Der Beschluß wurde am 30. Juni in das Handelsregister eingetragen. Die Erben des im Jahr 1929 verstorbenen J., die über 500 von den 3000 Stimmen verfügten, hatten dem Beschluß widersprochen und erhoben nun Klage gegen die Aktiengesellschaft auf Verurteilung zur Einwilligung in die Berichtigung des Grundbuchs in der Weise, daß entweder sie oder die ursprünglichen Verkäufer der Grundstücke als Eigentümer eingetragen werden sollten. In allen Rechtszügen wurde die Klage abgewiesen. Die Entscheidung hatte nach deutschem Recht zu erfolgen, wenn auch das Aktienkapital sich überwiegend in dänischem Besitz befand; maßgebend war, daß die Aktiengesellschaft ihren Sitz in Deutschland hatte und in ein deutsches Handelsregister eingetragen war. Die Klage war damit begründet, daß es sich bei der Abtretung der Auflassungsansprüche des Erblassers der Kläger an die Beklagte in Wahrheit um eine schon vor der Gründung der Aktiengesellschaft verabredete Sacheinlage gehandelt habe, die, um wirksam zu sein, der Festsetzung im Gesellschaftsvertrag bedurft hätte; die aus dem Fehlen dieser Festsetzung herzuleitende Unwirksamkeit sei auch in der Folgezeit nicht beseitigt worden. Das Berufungsgericht hatte dementsprechend auch angenommen, daß schon vor und bei der Gründung der Beklagten die Absicht der Beteiligten dahin ging, ihr die Grundstücke zu verschaffen, daß also der Gründungsvertrag, in dem von einer Bargründung die Rede war, den wirklichen Sachverhalt nicht richtig wiedergebe, vielmehr den Willen der Gründer, die Gesellschaft von vornherein mit den Auflassungsansprüchen auszustatten, verschweige und somit gegen § 186 HGB. verstoße. Das Reichsgericht trat dieser Auffassung bei. Eine Sacheinlage im Sinne der genannten Vorschrift hat nicht zur Voraussetzung, daß schon formgerechte und rechtsverbindliche Vereinbarungen getroffen sind; es genügt, daß eine von den Beteiligten beabsichtigte Einbringung von Vermögenswerten auf die zu gründende Aktiengesellschaft schon so feste Gestalt angenommen hat, daß mit ihrer Verwirklichung bestimmt gerechnet werden kann. Die Unwirksamkeit der ursprünglichen Einbringung war aber nachträglich geheilt worden. Das war allerdings noch nicht durch die Satzungsänderung vom 29. November 1929 geschehen. Nach § 20 AktG. kann die Unwirksamkeit einer verschleierten Sachgründung nach Eintragung der Gesellschaft in das Handelsregister durch Satzungsänderung nicht mehr geheilt werden. Damit wurde der bisherigen Rechtsprechung, soweit sie eine solche Heilung für zulässig hielt, der Boden entzogen. Da der zur Heilung der Unwirksamkeit erforderliche Prüfungsbericht erst nach dem Inkrafttreten des Aktiengesetzes (1. Oktober 1937) beigebracht worden war, konnte die Satzungsänderung keine Heilung mehr bewirken. Das Aktiengesetz hatte dazu aber den Weg der Nachgründung zugelassen (§ 45 Abs. 9). Die Vorschrift gilt auch für Nachgründungsverträge, die noch unter der Herrschaft des früheren Rechts geschlossen worden sind (§ 4 EG.z. AktG.). Als eine solche Nachgründung war die Vereinbarung vom 2. Mai 1927 anzusehen. Dem stand nicht entgegen, daß die Parteien nachträglich Zweifel an der Wirksamkeit dieser Vereinbarung bekamen und aus diesem Grunde die Satzungsänderung vom 29. November 1929 beschlossen wurde. Daß eine Nachgründung gewollt war, ergab sich schon daraus, daß die dafür vorgeschriebenen Formen eingehalten wurden. Demgemäß war auch der dingliche Abtretungsvertrag, der dieser Nachgründung entsprach, wirksam geworden; die Beklagte hatte durch die Auflassungen und ihre Eintragung im Grundbuch das Eigentum an den Grundstücken erlangt. (II, 19. Mai 1941.)

Amtl. Sammlg. S. 99—120.

Vgl. Bd. 121 S. 99; Bd. 130 S. 248; Bd. 144 S. 210; Bd. 159 S. 33; JW. 1932 S. 164.

11. Abstammung. Anfechtung. (ÖstABGB. § 158; ÖstZPO. § 228; BGB. § 1594.) Ehegatten, die im Jahr 1921 die Ehe geschlossen hatten, trennten sich im Jahr 1939. Im Jahr 1940 brachte die Frau ein Mädchen zur Welt. Der Ehemann erfuhr hievon am 1. Mai 1940. Am 8. August 1940 reichte er eine Klage ein, in der er die Feststellung beantragte, daß er nicht der Vater dieses Kindes und auch nicht des während seines Zusammenlebens mit seiner Frau im Jahr 1923 geborenen Sohnes sei. In allen Rechtszügen wurde die Klage abgewiesen. Für das Gebiet des österreichischen Rechts beginnt die dreimonatige Frist zur Bestreitung der Ehelichkeit einer Geburt mit dem Empfang einer verläßlichen Nachricht von der Geburt des Kindes; die Vorschrift des deutschen Rechts, wonach die Frist mit der Erlangung der Kenntnis von Umständen beginnt, aus denen der Ehemann der Mutter mit Sicherheit schließen kann, daß er nicht der Erzeuger ist, gilt für Österreich nicht. Das Begehren auf Feststellung, daß die beiden Kinder blutmäßig nicht vom Kläger abstammten, wurde mangels Nachweises eines rechtlichen Interesses des Klägers an dieser Feststellung abgewiesen. Die blutmäßige Abstammung ist als ein Rechtsverhältnis anzusehen; eine Klage auf deren Bestehen oder Nichtbestehen ist zulässig. Sie steht einer Standesklage gleich. Zur Erhebung der Klage sind aber nur die Kinder berufen, um deren Abstammung es sich handelt; dem Ehemann der Mutter ist ein Recht hiezu nur ausnahmsweise eingeräumt, wenn er ein eigenes, über das Interesse des Kindes hinausgehendes Interesse glaubhaft zu machen vermag. Ein solches hatte der Kläger nicht dargetan. In dem bloßen Hinweis auf das Blutschutzgesetz und das Gesetz zur Verhütung erbkranken Nachwuchses konnte ein solches Interesse nicht gefunden werden. Daß die Kinder etwa von einem Nichtarier erzeugt seien, hatte der Kläger nicht behauptet. (VIII, 21. Mai 1941.)

Amtl. Sammlg. S. 120—123.

Vgl. Bd. 159 S. 58; Bd. 160 S. 295; Bd. 161 S. 326; Bd. 161 S. 326; Bd. 162 S. 113; Bd. 163 S. 90, 399; Bd. 164 S. 193; Bd. 166 S. 157; JW. 1938 S. 245.

12. **Aussetzung des Rechtsstreits. Wiederaufnahme.** (SchutzVO. vom 1. September 1939 Art. 1; ZPO. §§ 239, 246, 247, 520, 555.) Gegen ein ihm am 26. August 1939 zugestelltes Urteil legte der Beklagte am 19. Oktober 1939 Berufung ein. Am 8. November 1939 wurde auf seinen Antrag das Verfahren ausgesetzt, weil er zur Wehrmacht eingezogen worden war. Am 16. Oktober 1940 teilte der Vertreter des Klägers dem Gericht mit, der Beklagte sei seit 20. August 1940 aus dem Heere entlassen, und bat um Ansetzung eines neuen Ver-

handlungstermins; eine beglaubigte Abschrift der Eingabe wurde dem Vertreter des Beklagten zugestellt. Das Gericht forderte durch Verfügung vom 18. Oktober den Vertreter des Beklagten auf, sich binnen 10 Tagen zu äußern, ob er mit der Aufhebung des Aussetzungsbeschlusses einverstanden sei; da er keine Antwort gab, wiederholte es am 30. Oktober 1940 die Aufforderung mit dem Beifügen, daß das Einverständnis mit der Ansetzung eines neuen Termins angenommen werde, wenn nicht binnen einer Woche ein Widerspruch eingehe. Nachdem auch hierauf keine Antwort erfolgt war, erließ das Gericht am 14. November 1940 einen Beschluß, wonach im Einverständnis der Parteien der Aussetzungsbeschluß aufgehoben wurde, weil der Beklagte von der Wehrmacht entlassen sei; zugleich wurde neuer Verhandlungstermin auf 6. Februar 1941 angesetzt. Der Beschluß und die Ladung zum Termin wurden dem Vertreter des Beklagten am 19. November 1940 zugestellt. Dieser reichte am 4. Februar 1941 die Berufungsbegründung ein und bat um Aufhebung des Termins vom 6. Februar, weil der Rechtsstreit bisher von keiner der Parteien durch Zustellung eines Aufnahmeschriftsatzes wieder aufgenommen worden sei. Diesen Antrag wiederholte er auch im Termin. Das Landgericht verwarf die Berufung des Beklagten als unzulässig wegen verspäteter Einreichung der Begründung. Das Reichsgericht verwies die Sache zurück. Die auf Grund der Schutzverordnung vom 1. September 1939 verfügte Aussetzung des Verfahrens hat dieselbe Wirkung wie eine Aussetzung gemäß § 246 ZPO. Danach hört mit der Aussetzung der Lauf jeder Frist auf und beginnt nach der Beendigung der Aussetzung die volle Frist neu zu laufen; Prozeßhandlungen, die eine Partei während der Aussetzung in Ansehung der Hauptsache vornimmt, sind der anderen Partei gegenüber ohne rechtliche Wirkung. Während aber eine Aussetzung, die nach § 246 ZPO. angeordnet worden ist, durch Gerichtsbeschluß ohne weiteres wieder aufgehoben werden kann, ist die Beendigung einer auf Grund der Schutzverordnung ausgesprochenen Aussetzung besonders geregelt. Die Aussetzung dauert so lange, bis die Partei, zu deren Gunsten sie verfügt worden ist, das Verfahren aufnimmt. Geschieht das nicht bis zum Ablauf eines Monats nach Beendigung des für die Aussetzung maßgebenden Verhältnisses, so kann sie zur Aufnahme und zugleich zur neuen Verhandlung geladen werden. Erklärt sie sich in der Verhandlung mit der Aufnahme einverstanden, so ist damit das Verfahren aufgenommen; widerspricht sie aber, so bedarf es einer besonderen Entscheidung über die Aufnahme durch Zwischenurteil. Über diese Regelung kann sich das Gericht nicht in der Weise hinwegsetzen, daß es den Aussetzungsbeschluß ohne mündliche Verhandlung durch Beschluß aufhebt. Daran wurde auch dadurch nichts geändert, daß es von sich aus das Einverständnis der Partei annahm, weil diese auf die an sie gerichtete Anfrage nicht geantwortet hatte. Selbst eine Vereinbarung der Parteien über die Aufnahme wäre wirkungslos, weil das Gesetz zur Festlegung des die Aussetzung beendenden Zeitpunktes die förmliche Zustellung eines Aufnahmeschriftsatzes vorschreibt. Hienach war die Frist für die Begründung der Berufung noch nicht einma in Lauf gesetzt, geschweige denn abgelaufen, als die Berufungsbegründung einging. Es bedurfte nunmehr erst einer ordnungsmäßigen Aufnahme des Verfahrens gemäß den Vorschriften der Schutzverordnung. (II, 12. Juni 1941.)

Amtl. Sammlg. S. 123—128.
Vgl. Bd. 66 S. 399; Bd. 68 S. 392.

13. Marktschiedsgericht. Rechtsweg. (GVG. § 13; MarktSchGVO. § 3.) Zur Vereinfachung der Butterverteilung im Rahmen der Marktregelung auf Grund der Verordnung über den Zusammenschluß der deutschen Milch- und Fettwirtschaft vom 29. Juli 1938 war eine Übertragung des Buttergroßhandels auf die Molkereien vorgesehen; die Großhändler sollten entsprechend ihrem Umsatz entschädigt werden. In Durchführung dieser Maßnahme wurde zwischen einem Großhändler und einem Molkereibesitzer eine Vereinbarung getroffen, wonach der Großhändler dem Molkereibesitzer seinen Buttergroßhandel käuflich überließ; der Kaufpreis wurde auf 1560 RM. festgesetzt. Der Berechnung des Kaufpreises wurde ein Wochenumsatz von 500 Kilogramm zugrunde gelegt. Der Käufer behauptete nachträglich, der Umsatz sei wesentlich geringer gewesen; er zahlte nur 1026 RM. Die Klage auf Zahlung des Restes wurde vom Amtsgericht wegen Unzulässigkeit des Rechtsweges abgewiesen. Das Oberlandesgericht erklärte den Rechtsweg für zulässig. Die Revision des Beklagten blieb erfolglos. Die im Revisionsverfahren allein zur Entscheidung stehende Frage, ob der Streit vor die ordentlichen Gerichte oder vor die als Sondergerichte anzusehenden Marktschiedsgerichte gehöre, lag auf dem Gebiete der Zulässigkeit des Rechtswegs, nicht auf dem der sachlichen Zuständigkeit. Die Revision war also ohne Rücksicht auf den Wert des Beschwerdegegenstandes zulässig. Da der Streit einen dem bürgerlichen Recht angehörenden vermögensrechtlichen Anspruch betraf, war der Rechtsweg gegeben, wenn er nicht durch eine besondere gesetzliche Vorschrift ausgeschlossen war. Als solche kam § 3 MarktSchGVO. in Betracht. Die Vorschrift hat ihre gesetzliche Grundlage in den §§ 3, 7, 10 des Gesetzes über den vorläufigen Aufbau des Reichsnährstandes vom 13. September 1933. Nach ihr sind die bei den Zusammenschlüssen der Unternehmen und Einrichtungen des Reichsnährstandes gebildeten Schiedsgerichte unter Ausschluß des ordentlichen Rechtswegs zuständig bei sämtlichen Streitigkeiten zwischen Mitgliedern der Zusammenschlüsse, die aus Maßnahmen der Zusammenschlüsse mit unmittelbarer Wirkung gegen beide Parteien entstehen. Die der deutschen Milch- und Fettwirtschaft angehörenden Betriebe sind für das ganze Reich zu einer Hauptvereinigung und für bestimmte Wirtschaftsgebiete zu Wirtschaftsverbänden zusammengeschlossen; die Verbände haben das Recht, Betriebe gegen Entschädigung stillzulegen und Mitglieder, die durch entschädigungspflichtige Maßnahmen einen besonderen Vorteil haben, zum Zwecke der Deckung des Entschädigungsaufwandes zur Leistung von Ausgleichsabgaben heranzuziehen. Der zuständige Verband wäre hienach berechtigt gewesen, den Betrieb des Klägers stillzulegen und vom Beklagten einen Ausgleichsbetrag zu verlangen. Statt dessen hatte er den Abschluß der zwischen den Parteien getroffenen Vereinbarung veranlaßt. Die Zulässigkeit des Rechtswegs für den vorliegenden Rechtsstreit hing also davon ab, ob es sich um eine Streitigkeit handelte, die als Maßnahme des Wirtschaftsverbandes mit unmittelbarer Wirkung gegen die Parteien entstanden war, und weiter davon, ob es sich um eine Streitigkeit zwischen Mitgliedern des Zusammenschlusses handelte, obwohl der Kläger seit der Überlassung seines Betriebs an den Beklagten aufgehört hatte, Mitglied des Verbandes zu sein. Das Berufungsgericht hatte die erste Frage offen gelassen, die zweite dagegen verneint. Das erklärte das Reichsgericht für irrig. Wenn sich auch die marktregelnden Maßnahmen der Wirtschaftsverbände nur gegen Verbandsmitglieder richten können, so können doch solche Maßnahmen, insbesondere, soweit auf ihnen Ansprüche beruhen und sich aus ihnen Streitigkeiten ergeben, Wirkungen über die Dauer der Mitgliedschaft hinaus äußern. Voraussetzung für die Zuständigkeit der Schiedsgerichte ist nur, daß die Streitigkeiten ihre Wurzel in der Mitgliedschaft haben; durch die Beendigung der Mitgliedschaft wird die Zuständigkeit nicht berührt. Die Zuständigkeit des Schiedsgerichts

war aber nicht gegeben, weil die Streitigkeit nicht aus einer Maßnahme des Verbandes mit unmittelbarer Wirkung gegen beide Parteien entstanden war. Als Maßnahme in diesem Sinne kommt nur ein hoheitsrechtliches Eingreifen der Verbandsgewalt in Betracht. Hievon hatte der Verband abgesehen; er hatte nur durch seine Vermittlung die Parteien veranlaßt, unter sich eine bürgerlichrechtliche Vereinbarung zu treffen, durch die der gleiche wirtschaftliche Erfolg erzielt wurde. Daran wurde auch durch den Umstand nichts geändert, daß die Genehmigung der Vereinbarung vorbehalten blieb; das Genehmigungserfordernis beruhte nur auf der Vereinbarung selbst. (II, 9. Juni 1941.)
Amtl. Sammlg. S. 129—138.
Vgl. Bd. 145 S. 369; Bd. 156 S. 279; Bd. 157 S. 106; Bd. 162 S. 43.

14. Marktschiedsgericht. Rechtsweg. (GVG. § 13; MarktSchGVO. § 3.) Die Hauptvereinigung der deutschen Gartenbauwirtschaft erließ zur Regelung des Wettbewerbs in der Tafelwasser- und Limonadenindustrie eine Anordnung, wodurch den Mitgliedern der Gartenbauwirtschaftsverbände verboten wurde, zu Zwecken des Wettbewerbs die Preise für Tafelwasser und Limonaden zu unterbieten oder eine Unterbietung in Aussicht zu stellen. Eine Genossenschaft, die Mineralwasser und Limonaden vertrieb, gewährte ihren Mitgliedern Rückzahlungen nach Maßgabe ihres Warenbezugs, die für jede Flasche Mineralwasser 2—3 Rpf., für jede Flasche Limonade 2 Rpf. betrugen. Mehrere Mitglieder des Gartenbauwirtschaftsverbandes, dem auch die Genossenschaft angehörte, klagten gegen diese mit dem Antrag, ihr unter Strafandrohung die Gewähr von Rückzahlungen zu untersagen und festzustellen, daß sie verpflichtet sei, den Klägern allen Schaden zu ersetzen, der durch die nach Erlaß der Anordnung betriebene unlautere Werbung entstanden war. Die Klage wurde wegen Unzulässigkeit des Rechtswegs abgewiesen. Schiedsgerichte, die bei den im Rahmen der Marktordnung gebildeten Zusammenschlüssen geschaffen worden sind, können bei sämtlichen Streitigkeiten zwischen Mitgliedern der Zusammenschlüsse angerufen werden, die aus Maßnahmen der Zusammenschlüsse mit unmittelbarer Wirkung gegen beide Parteien entstanden sind. Die Hauptvereinigung der deutschen Gartenbauwirtschaft ist auf Grund des Gesetzes über den vorläufigen Aufbau des Reichsnährstandes vom 13. September 1933 errichtet worden. Sie ist ein Zusammenschluß der Gartenbauwirtschaftsverbände; zu diesen gehören auch die Zusammen schlüsse der Betriebe, die gewerbsmäßig Limonaden und Tafelwasser herstellen. Aufgabe der Verbände ist auch die Marktordnung auf dem Gebiete der Gartenbauwirtschaft durch Regelung der Erzeugung, des Absatzes und der Verwertung sowie der Preise und Preisspannen der ihrer Bewirtschaftung unterliegenden Erzeugnisse durchzuführen. Die Hauptvereinigung kann Anordnungen erlassen, die für die Mitglieder der Wirtschaftsverbände unmittelbar verbindlich sind. Die Parteien gehörten einem solchen Verband als Mitglieder an. Es handelte sich um eine Streitigkeit, die aus einer Maßnahme der Zusammenschlüsse, nämlich aus der von der Hauptvereinigung mit Zustimmung des Reichsministers für Ernährung und Landwirtschaft erlassenen Anordnung entstanden war; denn ohne diese Anordnung hätte es nicht zu dem die Grundlage der Klageansprüche bildenden Streite der Parteien kommen können. Die Anordnung begründete für die Mitglieder der Gartenwirtschaftsverbände eine unmittelbare Verbindlichkeit zur Einhaltung der darin auferlegten wettbewerblichen Beschränkungen; Preisstellungen, die bis dahin zulässig waren, wurden unstatthaft, wenn sie der Anordnung zuwiderliefen. Die Anordnung selbst war es also, welche die wettbewerbliche Stellung der Mitglieder zueinander veränderte, ohne daß es hiezu noch des Dazutretens sonstiger Umstände, insbesondere einer eigenen Willensbetätigung der Beteiligten bedurfte. Abgesehen hievon enthielt das Verhalten der Beklagten nichts, was zu beanstanden war. Die Rückvergütungen der Beklagten waren für sich allein wettbewerblich zulässig und konnten für die Klage nur Bedeutung gewinnen, wenn sie unter das Verbot der Preisunterbietung fielen. Gegenstand des Streits war also in erster Reihe die Tragweite der Anordnung der Hauptvereinigung. Damit stand aber eine Frage zur Entscheidung, die das Gebiet der Marktordnung unmittelbar berührte. Die Frage, ob sich die Beklagte sittenwidrig verhielt, konnte nur gestellt und beantwortet werden, wenn feststand, daß die Anordnung auch auf genossenschaftliche Rückvergütungen Anwendung fand. Marktregelnde Maßnahmen der Zusammenschlüsse können in alle rechtlichen Beziehungen der Marktbeteiligten eingreifen und dadurch Ursache zum Streite geben; dieser braucht sich nicht notwendig auf vertraglicher Grundlage abzuspielen, sondern kann ebenso aus einer Wirkung der Maßnahme hervorgehen, die sonstige Gebiete des Marktgeschehens betrifft. Trifft die Maßnahme eine wettbewerbliche Regelung und dreht sich der Streit der Parteien um ihre Bedeutung für das gegenseitige Wettbewerbsverhältnis, so gilt für alle daraus entspringenden Ansprüche, daß es zu ihrer Beurteilung zunächst der Entscheidung über die Tragweite der Anordnung, also über eine Frage der Marktordnung bedarf, die nur von den Marktschiedsgerichten getroffen werden kann. (II, 9. Juni 1941.)

Amtl. Sammlg. S. 138—151.

Vgl. Bd. 157 S. 106; Bd. 162 S. 37; Bd. 167 S. 129.

15. Auskunftsrecht des Aktionärs. Entlastung. (AktG. §§ 84, 104, 112, 132, 197.) Eine Aktiengesellschaft war an einer Brauerei, die einer offenen Handelsgesellschaft gehörte, mit 60% beteiligt; sie hatte dieser auch größere Darlehnsbeträge gegeben. Im Jahresbericht für das Geschäftsjahr 1937/38 war ausgeführt, daß das seinerzeit zum Erwerb der Beteiligung an der Brauerei aufgewandte Kapital sich gut verzinse, im Jahresbericht für das Geschäftsjahr 1938/39, daß im Geschäftsjahr 1939/40 von den 60% Kapitalanteil an der Brauerei 40% über pari mit Wirkung vom 1. Oktober 1938 verkauft worden seien. In der Hauptversammlung vom 19. Februar 1940 wurde der vom Vorstand aufgestellte und von einer Treuhandaktiengesellschaft geprüfte Jahresabschluß für das Jahr 1938/39 nebst dem Geschäftsbericht des Vorstandes und des Aufsichtsrats vorgelegt. Er wies einen verteilbaren Gewinn von rund 500000 RM. aus; es wurde die gleiche Dividende wie im Vorjahr vorgeschlagen. Im Jahresbericht für das Geschäftsjahr 1937/38 waren für „sonstige Aufwendungen" rund 2000000 RM. eingesetzt gewesen. In der Gewinn- und Verlustrechnung für 1938/39 waren die „sonstigen Aufwendungen" nicht mehr besonders angegeben, sondern ebenso wie die Aufwendungen für Roh-, Hilfs- und Betriebsstoffe unmittelbar vom Jahresertrag abgezogen. Ein Aktionär fragte an, zu welchem Preis die 40% Kapitalbeteiligung an der Brauerei verkauft worden seien und mit welchem Betrag die Beteiligung zu Buche stehe, weiter wie hoch und welcher Art die „sonstigen Aufwendungen" im Geschäftsjahr 1938/39 gewesen seien. Mit der Behauptung, daß ihm auf diese Fragen die Auskunft verweigert worden sei, klagte er auf Nichtigerklärung der Beschlüsse der Hauptversammlung, soweit sie die Beschlußfassung über die Verteilung des Reingewinns und über Entlastung des Vorstands und Aufsichtsrats betrafen. Die Klage drang durch. Jedem Aktionär ist auf Verlangen in der Hauptversammlung Auskunft über Angelegenheiten der Gesellschaft zu geben, die mit dem Gegenstand der Verhandlung in Zusammenhang stehen; die Auskunft muß den Grundsätzen einer gewissenhaften und getreuen Rechenschaft entsprechen. Verweigert darf die Auskunft nur werden, wenn überwiegende Belange der Gesellschaft oder eines beteiligten Unternehmens oder der gemeine Nutzen von Volk und Reich es erfordern. Auf die Frage des Klägers, zu welchem Preise die 40% Kapitalanteil an der Brauerei verkauft worden seien, hatte der Vorsitzende erwidert, sie seien über pari, also zu einem höheren Preise verkauft worden, als ihr Wert bisher in den Bilanzen angenommen worden war. Das Berufungsgericht hatte dazu ausgeführt, daß die Auskunft nicht genügt habe, da der Kläger daraus nicht habe entnehmen können, ob die Anteile nicht zu einem zu niedrigen Preise verkauft worden seien; es hatte aber angenommen, daß der Kläger sich hierauf nicht berufen könne, weil er sich mit der Antwort zufrieden gegeben habe. Hinsichtlich der weiteren Frage des Klägers in dieser Angelegenheit hatte es das Berufungsgericht für streitig angesehen, ob der Kläger gefragt hatte, mit welchem Betrag die Beteiligung von 60% an der Brauerei zu Buche stehe, oder ob seine Frage, wie die Beklagte behauptete, dahin ging, wie hoch sich nach dem Verkauf der ziffernmäßige Verlust auf die ganze Beteiligung belaufe. Das Berufungsgericht hatte das dahingestellt gelassen. Aus dem Zusammenhang mit der Frage, zu welchem Preise die 40% Anteile verkauft worden seien, hatte es entnommen, daß der Kläger jedenfalls habe wissen wollen, wie hoch die 60% zu Buche standen, um daraus seine Rückschlüsse ziehen zu können; darauf hatte der Vorsitzende nach den eigenen Angaben der Beklagten erwidert, das könne nicht beantwortet werden, solange die Beteiligung noch bestehe; es könne aber gesagt werden, daß weitere Verluste nicht zu erwarten seien und daß die in der Bilanz enthaltenen Rückstellungen ausreichen würden, jeden Verlust zu decken. Darin hatte das Berufungsgericht eine Umgehung der Auskunftspflicht gefunden; der Vorsitzende habe in Verbindung mit der Auskunft über die Höhe des Preises für die 40% Anteile angeben müssen, wie hoch die Gesamtbeteiligung an der Brauerei gebucht gewesen sei. Das Reichsgericht bezeichnete diese Ausführungen als nicht recht verständlich. Um einen bei einer geschäftlichen Maßnahme erlittenen Verlust zu ermitteln, muß man den Einstandspreis und den Verkaufspreis kennen. Der Buchwert, d. i. der Betrag, der sich aus dem Unterschied zwischen dem Einstandspreis (Aktivposten) und dem entsprechenden Wertberichtigungsposten (auf der Passivseite) ergibt, ist dabei ohne Belang; insofern war also die Frage nach dem Verlust von der nach dem Buchwert völlig verschieden. Auch aus dem Zusammenhang mit der Frage nach dem Verkaufspreis ließ sich nicht entnehmen, daß der Kläger den Buchwert habe erfahren wollen. Wenn der Kläger über den Buchwert der Beteiligung hätte unterrichtet sein wollen, hätte er deutlich danach fragen müssen. Das Berufungsgericht konnte seine Feststellungen über den Zweck der vom Kläger gestellten Fragen, über die Unzulänglichkeit der erteilten Antwort und über die Ursächlichkeit der unterbliebenen oder ungenügenden Auskunftserteilung für das Zustandekommen des Entlastungsbeschlusses nicht treffen, ohne zuvor aufzuklären, wie die Fragen des Klägers tatsächlich gelautet hatten, welche Antworten ihm erteilt worden waren und inwieweit der Kläger sich damit zufrieden gegeben hatte. Insoweit war das Berufungsurteil nicht haltbar. Die Beklagte hatte ihre Auskunftspflicht in erster Reihe mit der Begründung verneint, die 40% Anteile der Brauerei seien erst im Oktober 1939, also nicht in dem bis zum 30. September 1939 reichenden Geschäftsjahr 1938/39 verkauft worden. Das war für die Auskunftspflicht ohne Bedeutung; es genügte, daß die Angelegenheit mit dem Gegenstand der Verhandlung in Zusammenhang stand. Auf ein Geheimhaltungsrecht hatte sich die Beklagte selbst nicht berufen. Einen Einwand gegen die Auskunftspflicht hatte sie daraus hergeleitet, daß der Kläger mit seinen Fragen keine sachliche Aufklärung bezweckt, sondern die Fragen nur gestellt habe, um dem Vorstand Schwierigkeiten zu bereiten, um seine Wahl in den Aufsichtsrat durchzusetzen oder um die Bewilligung einer höheren Dividende zu erreichen. Hiefür lag der Beklagten der Beweis ob. Diesen hatte das Berufungsgericht nicht für erbracht erachtet. Wenn auch der Kläger seine Wahl in den Aufsichtsrat angestrebt und in der Ausübung des Fragerechts ein Mittel gesehen habe, das ihn seinem Ziele näher bringen konnte, so sei das doch nicht der einzige Grund seiner Fragestellung gewesen. Die Revision hatte demgegenüber gerügt, daß das Berufungsgericht aus der Bereitwilligkeit des Klägers, für den Fall seiner Wahl in den Aufsichtsrat auf die Klage zu verzichten, nicht die Folgerung gezogen habe, daß er nur Schwierigkeiten bereiten wollte, um in den Aufsichtsrat gewählt zu werden; die Begründung, daß er nach der Wahl in den Aufsichtsrat auf die begehrten Auskünfte nicht mehr angewiesen gewesen wäre, hielt sie für rechtsirrig, da die gefaßten Beschlüsse jedenfalls bestehen geblieben wären. Die Erwägungen des Berufungsgerichts lagen aber im wesentlichen auf tatsächlichem Gebiet und konnten daher insoweit mit der Revision nicht angegriffen werden. Fehl ging auch die Rüge, daß das Berufungsgericht seine Annahme, der Kläger habe auch andere Gründe für die Anfragen gehabt, nicht ausreichend begründet habe. Das Berufungsgericht hatte ausgeführt, der Kläger könne beabsichtigt haben, sich über die Lage der Gesellschaft und über die Geschäftsführung des Vorstands und des Aufsichtsrats zu unterrichten; daraus hatte es gefolgert, daß die vom Kläger gestellten Fragen sachlicher Art und auch geeignet waren, Aufklärung in der angegebenen Richtung zu bringen. Einer näheren Darlegung der hiefür in Betracht kommenden Möglichkeiten bedurfte es nicht. Die Beurteilung der Sachlage selbst lag auf tatsächlichem Gebiet; das Reichsgericht bemerkte aber, daß diese Beurteilung einer neuen Prüfung zu unterziehen gewesen wäre, nachdem klargestellt worden wäre, welche Fragen der Kläger wirklich gestellt und wie er sich sonst dabei verhalten hatte. Voraussetzung für eine erfolgreiche Anfechtung des Entlastungsbeschlusses war auch, daß der Beschluß bei pflichtmäßiger Auskunftserteilung möglicherweise nicht gefaßt worden wäre. In dieser Hinsicht war es Sache der Beklagten, darzulegen und zu beweisen, daß die etwaige Verletzung der Auskunftspflicht ohne Einfluß auf das Zustandekommen des Beschlusses war, also hiefür nicht ursächlich gewesen sein konnte. Gegen die Annahme eines ursächlichen Zusammenhangs hatte die Beklagte in erster Reihe geltend gemacht, der Verkauf der Anteile habe auf die Erteilung der Entlastung für das Geschäftsjahr 1938/39 keinen Einfluß üben können, weil er erst im Geschäftsjahr 1939/40 erfolgte. Das Berufungsgericht hatte demgegenüber auf die Möglichkeit hingewiesen, daß eine ordnungsmäßige Auskunft auf die Fragen des Klägers ein ungünstiges Licht auf die Geschäftsführung des Vorstands und Aufsichtsrats geworfen und die Hauptversammlung veranlaßt hätte, die Entlastung zu verweigern. Die Entlastung, die nach neuem Recht (§ 84 AktG.) nicht mehr die Bedeutung eines Verzichts auf Ersatzansprüche hat, bringt nichts weiter zum Ausdruck als die Billigung der Geschäftsführung und das Vertrauen in sie; dieses Vertrauen kann auch erschüttert sein, wenn ein späterer Vorgang Anlaß zu Beanstandungen gibt, insbesondere, wenn dieser Vorgang in seinen Vorbereitungen auf das abgeschlossene Geschäftsjahr zurückgeht. Mit Recht hatte das Berufungsgericht auch dem

Umstande, daß die Hauptversammlung auf Befragen des Vorsitzenden die erteilte Auskunft für genügend erklärt hatte, keine ausschlaggebende Bedeutung beigemessen; es war denkbar, daß das bisher vorhandene Vertrauen, das die Hauptversammlung veranlaßte, auf weitere Auskünfte zu verzichten, durch die Erteilung einer wahrheitsgemäßen Auskunft erschüttert worden wäre. Einen selbständigen Anfechtungsgrund bildete der Vorwurf des Klägers, seine Frage nach Art und Höhe der sonstigen Aufwendungen sei unzureichend beantwortet worden. Nach neuem Recht (§ 132 AktG.) ist die Angabe der Höhe der sonstigen Aufwendungen in der Gewinn- und Verlustrechnung nicht mehr vorgeschrieben; es genügt, wenn der Jahresertrag nach Abzug aller Aufwendungen angeführt wird. Diese Milderung in der Offenlegungspflicht beruht darauf, daß die Aktiengesellschaft nicht gezwungen werden soll, Wettbewerbsunternehmungen Einblick in ihre inneren Betriebsverhältnisse, namentlich Kenntnis von der Höhe ihres Umsatzes zu geben. Diese Beschränkung der gesetzlichen Offenlegungspflicht hat aber nicht zur Folge, daß Fragen eines Aktionärs nach der Höhe der sonstigen Aufwendungen ohne weiteres hätten abgelehnt werden dürfen; ein solches Recht wäre nur insoweit anzuerkennen gewesen, als überhaupt die Antwort auf gestellte Fragen verweigert werden kann. Darauf hatte die Beklagte sich nicht berufen. Weiter hatte die Beklagte angeführt, die Auskunftspflicht habe sich nur auf Punkte erstreckt, über die alsbald Auskunft hätte erteilt werden können; wenn der Kläger weitergehende Auskunft hätte verlangen wollen, hätte er das vor der Hauptversammlung ankündigen müssen. Das Berufungsgericht hatte aber in dieser Hinsicht festgestellt, der Vorstand der Aktiengesellschaft sei infolge der Nähe des Büros in der Lage gewesen, sich die erforderlichen Unterlagen für eine genauere Auskunftserteilung alsbald zu beschaffen; wenn es daraus folgerte, er habe nicht alles Erforderliche getan, um seiner Auskunftspflicht nach Möglichkeit zu genügen, war das rechtlich nicht zu beanstanden. Damit war die Anfechtungsklage hinreichend begründet, so daß es auf die Berechtigung des an erster Stelle angeführten Anfechtungsgrundes nicht weiter ankam. (II, 12. Juni 1941.)

Amtl. Sammlg. S. 151—171.

Vgl. Bd. 90 S. 206; Bd. 108 S. 322; Bd. 110 S. 194; Bd. 115 S. 350.

16. Wettbewerb. Warenzeichen. Ausstattungsschutz. Beschaffenheitsangabe. Herkunftsbezeichnung. Feststellungsklage. (ZPO. § 256; WZG. § 25; UnlWG. § 1.) Ein Fabrikant stellte kondensierte Milch her, die er unter der Bezeichnung „Trift" in den Handel brachte; er verwandte dafür ein Etikett, das eine Alpenlandschaft enthielt. Das Etikett war für ihn auch als Warenzeichen für Milch, Butter und Käse eingetragen. Ein anderer Fabrikant versah die von ihm hergestellte kondensierte Milch mit einem Etikett, das ebenfalls eine Alpenlandschaft aufwies und in seinem unteren Teil von einem roten Band mit der Inschrift „Alpenmilch" durchzogen wurde. Der erste Fabrikant behauptete, der andere habe früher ein Etikett verwendet, das von dem jetzt verwendeten ganz verschieden war, und sei erst vor einigen Jahren zur Benutzung des jetzigen übergegangen, das dem seinigen weitgehend gleiche und mit ihm verwechselt werden könne; daß es ihm um die Herbeiführung einer solchen Verwechslung zu tun sei, ergebe sich auch daraus, daß er sich zur Bezeichnung seiner Erzeugnisse des Wortes „Alpenmilch" bediene, das er (der Kläger) schon seit Jahrzehnten zur Bezeichnung seiner Milcherzeugnisse gebraucht habe und das im Verkehr als Merkmal für deren Herkunft allgemein bekannt geworden sei. Er klagte auf Verurteilung des Beklagten zur Unterlassung des beanstandeten Gebrauchs und zur Beseitigung des Alpenlandschaftsbildes auf seinen Waren und Geschäftspapieren. Der Beklagte bestritt, daß das Wort „Alpenmilch" für den Kläger Verkehrsgeltung im Sinn einer Herkunftsbezeichnung erlangt habe, da der Kläger es selbst seit Jahren nicht mehr verwende, das Wort auch eine dem deutschen Sprachschatz angehörende Beschaffenheitsangabe darstelle, die auch von anderen Fabrikanten benutzt werde; er erhob Widerklage mit dem Antrag auf Feststellung, daß der Kläger nicht berechtigt sei, ihm die Verwendung des Wortes „Alpenmilch" zu untersagen. Das Landgericht gab im wesentlichen sowohl der Klage als der Widerklage statt. Die Berufungen beider Teile wurden zurückgewiesen. Die Revision der Klägerin führte zur Abweisung der Widerklage. Die Zulässigkeit der Widerklage konnte nicht damit in Zweifel gezogen werden, daß ein Rechtsverhältnis fehle, dessen Bestehen oder Nichtbestehen einer Feststellung zugänglich sei. Der Streit darüber, ob der Kläger zu einer ausschließlichen Benutzung dieses Wortes befugt sei und deshalb dem Beklagten den Gebrauch untersagen könne, berührte die rechtlichen Beziehungen der Parteien zueinander unmittelbar; der Beklagte hatte auch ein rechtliches Interesse an der begehrten Feststellung, weil sich der Kläger durch sein Vorbringen im Rechtsstreit eines solchen Untersagungsrechts berühmt hatte. Dem Vorbringen des Klägers konnte allerdings nicht entnommen werden, daß er dem Beklagten den Gebrauch des Wortes „Alpenmilch" schlechthin untersagen wollte; er wandte sich nur gegen dessen schlagwortartige Benutzung auf den mit der Klage beanstandeten Etiketten, weil dadurch der Eindruck des Hinweises auf sein eigenes, unter diesem Schlagwort bekannt gewordenes Unternehmen hervorgerufen werde. Nur in diesem Umfang konnte also dem Beklagten daran liegen, eine Klärung der Rechtslage durch eine gerichtliche Entscheidung herbeizuführen, und nur in diesem Umfang konnte die Widerklage Erfolg haben. Die Fassung des Widerklageantrags schloß aber eine solche Deutung nicht schlechthin aus. Die Entscheidung zur Widerklage bedurfte insoweit nur einer ergänzenden Klarstellung, um den Gegenstand der Feststellung dahin deutlich zu machen, daß der Kläger nicht befugt sei, dem Beklagten die schlagwortartige Verwendung der Bezeichnung „Alpenmilch" zu untersagen. In der Sache selbst ging das Berufungsgericht davon aus, daß die Bezeichnung „Alpenmilch" eine dem deutschen Sprachschatz angehörige Beschaffenheitsangabe sei, die besage, daß es sich um eine aus dem Alpenland kommende Milch handle, mit der ein bestimmter Gütebegriff verbunden werde; die Umbildung einer solchen Beschaffenheitsangabe zu einer Herkunftsangabe hielt es wohl für möglich, nahm aber an, sie sei solange nicht eingetreten, als noch ein beachtlicher Teil der Verkehrskreise in der Bezeichnung eine Beschaffenheitsangabe erblicke. Es hatte hierüber Auskünfte verschiedener Industrie- und Handelskammern eingeholt und Gewicht darauf gelegt, daß nur ein geringer Teil der Abnehmer, die in dem Wort eine Herkunftsbezeichnung erblickten, imstande war, die Herkunftsstätte selbst anzugeben. Das Reichsgericht erklärte, daß hier die für den Ausstattungsschutz geltenden Grundsätze verkannt seien. Der Ausstattungsschutz hat zur Voraussetzung, daß die besondere Aufmachung, unter der eine Ware in den Verkehr gelangt, in diesem Anerkennung als Kennzeichen für die Herkunft der Ware aus einem bestimmten Betriebe gefunden hat. Die tatsächlich erlangte Geltung, die hienach allein entscheidet, macht jede beliebige, äußerlich wahrnehmbare Gestaltung der Ware, ihrer Verpackung oder der ihrer Verbreitung dienenden Werbemittel geeignet, als Ausstattung in die Erscheinung zu treten. Sie kann auch einer Angabe zustatten kommen, der gegenständlich die Fähigkeit fehlt, als Unterscheidungsmerkmal zu dienen. Deshalb sind auch Beschaffenheitsangaben, Gattungsbezeichnungen oder sonstige Angaben, die von der Eintragung als Warenzeichen ausgeschlossen sind, des Ausstattungsschutzes fähig, sofern sie in den beteiligten Kreisen als Kennzeichnung der Ware nach ihrer Herkunft angesehen werden. Nicht notwendig ist, daß die in Betracht kommenden Kreise in ihrer Gesamtheit diese Auffassung teilen; es genügt, daß die Meinung, es handle sich um ein Herkunftskennzeichen, in den Kreisen der Abnehmer so weit verbreitet ist, daß sie als für die Verkehrsauffassung beachtlich berücksichtigt werden muß. Während es bei Erzeugnissen, die nach Beschaffenheit oder Preis nur in einem eng begrenzten Kreise Abnahme finden, nur auf die Auffassung dieses Kreises ankommt, sind bei Waren, die in weitesten Kreisen der Bevölkerung Eingang finden, alle maßgebend, die beim Weitervertrieb oder als Verbraucher mit ihnen in Berührung kommen. Auch hiebei kann aber für die Frage der Verkehrsgeltung innerhalb eines einheitlichen Wirtschaftsgebiets nicht auf das bloße zahlenmäßige Überwiegen derer abgestellt werden, die in der Angabe den Hinweis auf eine bestimmte Herkunftsstätte erblicken; entscheidend ist, ob die Ansicht, die Aufmachung der Ware weise auf ihren Ursprung hin, in den beteiligten Verkehrskreisen so weit Raum gewonnen hat, daß sie zum mindesten bei einem nicht unerheblichen Teil der Abnehmerschaft als herrschend angesehen werden kann. Das vom Berufungsgericht befragte Institut für Wirtschaftsbeobachtung hatte sich dahin ausgesprochen, daß die Mehrzahl der Abnehmer die mit dem Wort „Alpenmilch" bezeichnete Dosenmilch als aus einer und derselben Erzeugungsstätte stammend ansehe; insbesondere hatten von den auf diesem Gebiet in erster Reihe maßgebenden Hausfrauen 60% diese Auffassung vertreten. Darauf, daß nur wenige Abnehmer imstande waren, die Herkunftsstätte selbst anzugeben, konnte es hienach nicht ankommen; es wäre selbst unschädlich gewesen, wenn einzelne Abnehmer irrtümlich die Bezeichnung mit einem anderen Betrieb als dem, der sie als Ausstattung benutzte, in Verbindung gebracht hätten. Wenn das Berufungsgericht die Umbildung einer Beschaffenheitsangabe zu einer Herkunftsbezeichnung für ausgeschlossen hielt, solange noch ein beträchtlicher Teil des Verkehrs in der Bezeichnung eine Beschaffenheitsangabe sah, hatte es offenbar die Grundsätze im Auge, die von der Rechtsprechung für die Entwicklung eines eingetragenen Warenzeichens zum freien Warennamen aufgestellt worden sind. Soweit eine solche an sich mögliche Umbildung verneint worden ist, solange ein noch als beachtlich in Betracht kommender Teil der maßgebenden Verkehrskreise an der auf die Herkunft der Ware hinweisenden Bedeutung der Bezeichnung festhält, kann hieraus nicht gefolgert werden, es bedürfe für den umgekehrten Fall der Umwandlung einer Beschaffenheitsangabe in eine Herkunftsbezeichnung einer nahezu einhelligen dahin gehenden Verkehrsanschauung. Für einen Teil seiner Erzeugnisse hatte der Kläger die Bezeichnung „Alpenmilch" nicht mehr verwendet, weil er diese in Norddeutschland herstellen ließ und die Bezeichnung also nicht mehr zutraf; außerdem hatte er einen Teil seiner Erzeugnisse, den er unter der Bezeichnung „Alpenmilch" in den Verkehr brachte, seit Beginn des Krieges nicht mehr hergestellt, weil sie einen Fettgehalt aufwiesen, der seitdem nicht mehr zulässig war; es lag aber nichts dafür vor, daß er die Herstellung nach Wegfall der Hindernisse nicht wieder aufnehmen und die Erzeugnisse in der bisherigen Aufmachung erneut in den Handel bringen wollte. Daß so der Verkehr der Bezeichnung „Alpenmilch" vorübergehend nicht begegnete, konnte ihre Geltung als Herkunftsangabe nicht beeinträchtigen und das Ausstattungsrecht des Klägers nicht zum Erlöschen bringen. Der Beklagte konnte sich auch nicht darauf berufen, daß der Kläger das Recht, ihm die Benutzung der Bezeichnung „Alpenmilch" zu untersagen, verwirkt habe; Voraussetzung hiefür wäre, daß der Beklagte selbst einen schutzwürdigen Besitzstand an der Bezeichnung erworben hätte, die weitere Verwendung des Wortes also für ihn einen für seine wettbewerbliche Stellung beachtlichen Verkehrswert besäße. Das traf schon deshalb nicht zu, weil er dem Worte „Alpenmilch" in der Art, wie er es gebrauchte, jede über eine bloße Beschaffenheitsangabe hinausgehende Bedeutung absprach. An einer nicht schlagwortartigen, lediglich beschreibenden Verwendung des Wortes war er durch den Schutzanspruch des Klägers auch in Zukunft nicht gehindert. Auch wenn man eine Durchsetzung des Wortes „Alpenmilch" als Herkunftsbezeichnung solang als ausgeschlossen annehmen wollte, als ein beachtlicher Teil des maßgebenden Verkehrs in ihm noch eine Gattungsbezeichnung erblickte, war es wettbewerblich nicht tragbar, wenn der Beklagte sich eines vom Kläger verwendeten Wortes, das dieser unter Aufwendung von Mühe und Kosten zum mindesten bei einem beträchtlichen Teil der Abnehmerschaft als Kennzeichen für die Herkunft der Ware aus seinem Betriebe zur Geltung gebracht hatte, ohne weiteres bemächtigte, um sich die so geschaffene Verkehrslage zum Nachteil des Klägers zunutze zu machen. Auch unter dem Gesichtspunkt eines Verstoßes gegen § 1 UnlWG. wäre der Kläger berechtigt, Unterlassung solchen Gebrauchs zu verlangen. (II, 23. Juni 1941.) Amtl. Sammlg. S. 171—183.

17. Rekurs. Rechtsweg. (ÜberlVO. §§ 4, 7, 9; ÖstZPO. § 261.) Das Landgericht hatte die Klage wegen Unzulässigkeit des Rechtswegs abgewiesen; das Oberlandesgericht hatte dem Rekurs des Klägers keine Folge gegeben. Den Revisionsrekurs des Klägers hatten die Untergerichte als unzulässig zurückgewiesen. Die Entscheidung wurde vom Reichsgericht bestätigt. Rekurse gegen Beschlüsse der Oberlandesgerichte in bürgerlichen Rechtsstreitigkeiten sind in Österreich ausgeschlossen. Eine Ausnahme ist nur für die im Berufungsverfahren ergangenen Beschlüsse der Oberlandesgerichte zugelassen; sie gilt aber nur für die Fälle, in denen die Revision zulässig wäre, wenn das Oberlandesgericht seine Entscheidung in Urteilsform erlassen hätte. Allerdings hat das Reichsgericht den Rekurs gegen den Beschluß eines Oberlandesgerichts auch dann als zulässig anerkannt, wenn das Oberlandesgericht eine Revision als unzulässig zurückgewiesen hat, weil dem Reichsgericht die Möglichkeit, selbst über die Zulässigkeit der Revision zu entscheiden, nicht abgeschnitten werden darf. Das Gleiche muß gelten, wenn das Oberlandesgericht einen Rekurs als unzulässig zurückgewiesen hat, der sich gegen einen im Berufungsverfahren ergangenen Beschluß des Oberlandesgerichts richtete, weil solche Rekurse einer Revision gleich zu behandeln sind. Den hier in Frage kommenden Beschluß hatte aber das Oberlandesgericht nicht als Berufungsgericht erlassen. (VIII, 5. Juli 1941.)

Amtl. Sammlg. S. 183—184.

Vgl. Bd. 165 S. 107.

18. Gesellschaft mit beschränkter Haftung. Firma. Verwirkung. (GmbHG. § 4; BGB. §§ 12, 826; HGB. §§ 18, 30, 37; UnlWG. §§ 1, 3, 16.) Die Eheleute St. betrieben in D. ein Webwarengeschäft. Im Jahr 1933 gerieten sie in Konkurs. Ein Gläubiger, B. in K., erwarb das ihnen gehörige Geschäftsgrundstück mit der Einrichtung aus der Konkursmasse. Zum Zweck der Fortführung des Geschäfts wurde eine G. m. b. H. unter der Firma St. G. m. b. H. gegründet, deren Mitglieder die Ehefrau St. und ein Angestellter des B. waren. Unmittelbar nach dem Abschluß des Vertrags trat die Ehefrau St. ihren Geschäftsanteil an einen anderen Angestellten des B. ab; die von ihr zu leistende Zahlung auf die Stammeinlage wurde von

V. erlegt. Im Jahr 1936 traten die beiden Gesellschafter der G. m. b. H. ihre Geschäftsanteile an V. ab. Drei Kinder der Eheleute St. betrieben unter ihren Namen in D. Webwarengeschäfte. Sie klagten im Jahr 1939 gegen die G. m. b. H. mit dem Antrag, sie zur Löschung des Firmenbestandteils St. zu verurteilen und ihr zu untersagen, auf ihrem Firmenschild und in ihren Geschäftspapieren den Firmenbestandteil St. in irgendeiner Form fortzuführen. Die Klage wurde in allen Rechtszügen abgewiesen. Das Berufungsgericht nahm zu der Frage, ob die Beklagte bei ihrer Gründung im Jahr 1931 befugt war, sich des Namens St. in ihrer Firma zu bedienen, keine Stellung, weil die Kläger einen etwaigen Unterlassungsanspruch in jedem Fall verwirkt hatten. Aus den Urteilsgründen ging hervor, daß die beiden Söhne der Eheleute St. ihre Geschäfte erst nach dem Jahr 1931 begründet hatten; diesen stand daher ein Anspruch, wie er in der Klage geltend gemacht war, überhaupt nicht zu. Die Tochter der Eheleute St., deren Geschäft im Jahr 1931 schon bestand, konnte an sich von der Beklagten die Unterlassung des Gebrauchs des Namens St. in ihrer Firma verlangen. Dieser Anspruch ließ sich allerdings nicht damit begründen, daß die Mutter der Klägerin nicht Gesellschafterin der G. m. b. H. gewesen sei. Der Umstand, daß sie sofort nach Abschluß des Gesellschaftsvertrags ihren Anteil an einen Angestellten des V. abtrat und daß V. die von ihr zu leistende Einlage erlegte, wiesen wohl darauf hin, daß in Wirklichkeit V. der eigentliche Inhaber der G. m. b. H. werden sollte. Die Frage, ob es zulässig ist, daß die beiden bei der Gründung einer G. m. b. H. beteiligten Gesellschafter für Rechnung eines und desselben Dritten handeln, ist streitig. Die Folge einer insoweit vorhandenen Gesetzwidrigkeit könnte aber nur sein, daß die G. m. b. H. auf die Klage eines Gesellschafters oder des Geschäftsführers für nichtig erklärt werden könnte. Im gegenwärtigen Rechtsstreit handelte es sich aber nicht um das Weiterbestehen der G. m. b. H., sondern nur darum, ob sie, solange sie bestand, gegenüber den Klägern zum Gebrauch ihrer Firma berechtigt war. Zugunsten der Klägerin wurde unterstellt, daß sich die Firma der Beklagten von der der Klägerin nicht deutlich unterschied. Die Klägerin hatte also an sich gemäß § 12 BGB., § 37 HGB. und § 16 UnlWG. gegen die Beklagte einen Anspruch auf Unterlassung des weiteren Gebrauchs des Firmenbestandteils St. oder wenigstens auf Beifügung eines hinreichend unterscheidungskräftigen Zusatzes. Dieser Anspruch war aber verwirkt. Der Verwirkungseinwand wird nicht nur auf dem Gebiete des Wettbewerbsrechts zugelassen; es handelt sich vielmehr um einen Sonderfall des allgemein zulässigen Einwandes der unzulässigen Rechtsausübung, der dahin geht, daß einer verspäteten Geltendmachung von Ansprüchen die rechtliche Wirkung versagt werden muß, weil darin ein Verstoß gegen Treu und Glauben liegt. Das ist besonders dann der Fall, wenn sich der Beklagte infolge der langen Untätigkeit des Klägers einen wertvollen Besitzstand geschaffen hat, der nunmehr zerstört würde. Unter solchen Umständen steht es dem Verwirkungseinwand auch nicht entgegen, wenn der Beklagte bei der Begründung seiner Firma bösgläubig und somit die Grundlage seines Besitzstandes unrechtmäßig war; trotz eines ursprünglich sittenwidrigen Verhaltens des Beklagten ist dem dadurch verletzten Kläger ein Einschreiten zu verwehren, wenn er den ihm bekannten Verstoß längere Zeit hindurch widerspruchslos geduldet hat und dadurch einen für den Beklagten wertvollen Besitzstand zur Entstehung hat kommen lassen, und wenn der Beklagte aus dem Verhalten des Klägers auf dessen Einverständnis und damit auf die Zulässigkeit seines eigenen Tuns zu schließen berechtigt ist. Der Verwirkungseinwand wurde auch dadurch nicht ausgeschlossen, daß die Firma der Beklagten gegen den Grundsatz der Firmenwahrheit verstieß; Klagen aus § 12 BGB. und § 37 HGB. setzen eine Verletzung der Rechte oder des Interesses des Berechtigten voraus, dienen also deren Schutz vor Beeinträchtigungen, nicht aber dem Schutz der Allgemeinheit durch Verhinderung von Irreführungen. Der Gesichtspunkt der Rechtssicherheit, der Gemeinschaftsgedanke, die billige Rücksicht auf die Lage des Verpflichteten, die Verkehrssitte, der Vertrauensschutz, die konkrete Rechtspflicht zur rechtzeitigen Geltendmachung des Anspruchs erfordern es, daß der Einzelne sich hinsichtlich der Verwirklichung seiner Rechte so verhalte, wie das Verhalten jedes Einzelnen der Gemeinschaft am zuträglichsten wäre. Die Beklagte hatte allerdings mit den Brüdern der Klägerin verschiedene Auseinandersetzungen wegen ihrer Firma gehabt; darauf konnte aber die Klägerin sich nicht berufen. Ihr Einverständnis mit der Führung ihrer Firma mußte sie schon deshalb voraussetzen, weil es sonst unverständlich gewesen wäre, daß die Klägerin bei der ihr bekannten Gründung der beklagten Gesellschaft nicht unter Hinweis auf ihre ältere Firma Widerspruch erhob. (II, 9. Juni 1941.) Amtl. Sammlg. S. 184—192.

Vgl. Bd. 155 S. 148; JW. 1929 S. 3075; 1930 S. 1692, 1734; 1931 S. 466, 2965.

19. Ehescheidung von Ausländern. Trennung von Tisch und Bett. (BGB. §§ 1575, 1576; Eheg. §§ 84, 98; EGzBGB. Art. 17; ZPO. §§ 328, 606.) Eine in Deutschland wohnende Frau niederländischer Staatsangehörigkeit klagte auf Scheidung ihrer Ehe wegen Mißhandlung. Das Landgericht gab der Klage statt. Vor dem Berufungsgericht beantragte die Klägerin hilfsweise, auf Trennung von Tisch und Bett nach niederländischem Recht zu erkennen. Das Berufungsgericht wies sowohl den Hauptantrag als den Hilfsantrag ab. Die Revision der Klägerin hatte keinen Erfolg. Gegen die Zuständigkeit der deutschen Gerichte bestanden keine Bedenken, da die Niederlande keine ausschließliche Zuständigkeit für die Scheidung ihrer Staatsangehörigen für sich in Anspruch nehmen, vielmehr deutsche Scheidungsurteile gegenüber niederländischen Staatsangehörigen, die ihren Wohnsitz in Deutschland haben, auch nach der Kündigung des Haager Ehescheidungsabkommens durch Deutschland anerkennen. Sachlich waren für die Klage die niederländischen Gesetze maßgebend, doch konnte auf Scheidung nur erkannt werden, wenn diese auch nach deutschem Recht zulässig wäre. Mißhandlung ist nach niederländischem Recht nur dann ein Scheidungsgrund, wenn das Leben des Mißhandelten in Gefahr gebracht oder ihm gefährliche Verwundungen zugefügt worden sind. Das war nicht nachgewiesen. Nach niederländischem Recht steht es in den Fällen, die Anlaß zur Ehescheidung geben, den Ehegatten frei, Trennung von Tisch und Bett zu beantragen; sie können diesen Anspruch auch geltend machen wegen Unmäßigkeit, Mißhandlungen und groben Beleidigungen; das Berufungsgericht hatte aber den Hilfsantrag der Klägerin abgewiesen, weil von deutschen Gerichten auch gegenüber Ausländern nicht auf Trennung von Tisch und Bett erkannt werden darf. Das ist durch die vereinigten Zivilsenate des Reichsgerichts in einem Beschluß vom 12. Oktober 1903 ausgesprochen und seitdem von allen deutschen Gerichten ausnahmslos festgehalten worden; es liegt also ein allgemeiner Gerichtsgebrauch vor, von dem abzuweichen nur dann Veranlassung bestände, wenn dies durch zwingende und überzeugende Gründe gerechtfertigt wäre. Solche Gründe können heute weniger denn je als gegeben angesehen werden, nachdem der nationalsozialistische Gesetzgeber die Trennung von Tisch und Bett nach österreichischem Recht und sogar die nach den §§ 1575,

1576 BGB. zulässige Aufhebung der ehelichen Gemeinschaft beseitigt hat. (IV, 11. Juni 1941.)

Amtl. Sammlg. S. 193—199.

Vgl. Bd. 3 S. 27; Bd. 11 S. 29; Bd. 55 S. 345; Bd. 150 S. 283, Bd. 166 S. 215.

20. Schenkung. Widerruf. (BGB. §§ 516, 530, 531, 1584.) Eine Frau erwarb in einer Zwangsversteigerung ein Brauereianwesen; die notwendigen Geldmittel waren ihr von ihrem Manne zur Verfügung gestellt worden. Nachdem die Ehe aus Verschulden der Frau geschieden worden war, verlangte der Mann von ihr Herausgabe des Anwesens mit der Begründung, daß er die Schenkung, die der Frau den Erwerb des Anwesens ermöglichte, wegen Undank widerrufe. Das Berufungsgericht gab seiner Klage statt. Das Reichsgericht verwies die Sache zurück. Die Entscheidung hing davon ab, ob Gegenstand der Schenkung das Anwesen oder der zu seinem Erwerb überlassene Geldbetrag war. Das Landgericht hatte die Annahme, daß das Anwesen Gegenstand der Schenkung gewesen sei, abgelehnt, weil der Kläger niemals Eigentümer des Anwesens gewesen sei. Diese Auffassung erklärte das Reichsgericht für zu eng. Zum Begriff der Schenkung erfordert das Gesetz nur eine unter Einverständnis über die Unentgeltlichkeit vorgenommene Zuwendung, wodurch jemand aus seinem Vermögen einen anderen bereichert. Hiefür ist nicht notwendig, daß der Gegenstand, der als Bereicherung in das Vermögen des anderen gelangt, sich vorher in derselben Gestalt im Vermögen des Schenkers befunden habe; die Vermögensmehrung des Beschenkten kann auch in anderer Gestalt erscheinen als die Vermögensminderung des Schenkers. Anderseits ging es aber zu weit, wenn das Berufungsgericht annahm, ausschlaggebend sei, was der Beschenkte erhalte, nicht wie es ihm der Schenker verschaffe. Gibt jemand einem anderen unentgeltlich einen Geldbetrag, damit er sich dafür einen bestimmten Gegenstand erwerbe, so ist es Frage des Einzelfalles, ob der Geldbetrag oder der damit erworbene Gegenstand als das Geschenk zu gelten hat, womit sich dann zugleich die andere Frage entscheidet, wem im Widerrufsfall eine etwaige Wertsteigerung zusteht, die der erworbene Gegenstand in der Hand des Beschenkten erfährt. Im vorliegenden Falle war zunächst festzustellen, ob überhaupt Schenkungs- und Schenkungsannahmewille zwischen den damaligen Ehegatten bestand; im Rahmen dieser Erörterungen war auch auf die Frage, was sie als Gegenstand der Schenkung ansahen, die Antwort zu finden. (V, 19. Juni 1941.)

Amtl. Sammlg. S. 199—203.
Vgl. JW. 1914 S. 301; 1928 S. 804.

21. **Wiedereinsetzung in den vorigen Stand. Glaubhaftmachung. Armenrecht.** (ZPO. § 233.) Die Klage einer Frau wurde im ersten Rechtszug zum Teil abgewiesen. Das Urteil wurde ihr am 15. März 1941 zugestellt. Am 18. März bat sie um das Armenrecht für den zweiten Rechtszug. Noch vor der Entscheidung über dieses Gesuch legte sie am 18. April Berufung ein und bat um Wiedereinsetzung in den vorigen Stand gegen die Versäumung der Berufungsfrist. Das Berufungsgericht wies das Gesuch zurück und verwarf die Berufung als unzulässig; der Beschluß war damit begründet, daß die Klägerin durch die Einlegung des Rechtsmittels zum Ausdruck gebracht habe, ihre Mittellosigkeit hindere sie nicht, ihre Rechte gegenüber dem Urteil unabhängig von der Entscheidung über das Armenrechtsgesuch geltend zu machen. Das Gesuch wurde durch den Beschluß für erledigt erklärt. Das Reichsgericht verwies die Sache zurück. Das Wiedereinsetzungsgesuch war damit begründet worden, daß die Klägerin zur Zeit des Ablaufs der Berufungsfrist noch ohne Anwalt gewesen sei. Diese Erklärung des Anwalts der Klägerin genügte auch ohne Versicherung an Eides Statt zur Glaubhaftmachung des Vorbringens. Ein Verschulden auf Seite der Klägerin war nicht zu ersehen. Es ist anerkannte Rechtsprechung, daß die arme Partei mit der Einlegung des Rechtsmittels bis zu einer ihr etwa ungünstigen Entscheidung über das Armenrechtsgesuch warten kann; wenn sie aber während des Schwebens des Armenrechtsverfahrens einen zu ihrer Vertretung bereiten Anwalt findet, braucht sie die Entscheidung nicht abzuwarten. Demnach war der Klägerin die Wiedereinsetzung zu gewähren; auch zu dem Armenrechtsgesuch war sachlich Stellung zu nehmen. (III, 20. Juni 1941.)

Amtl. Sammlg. S. 203—206.
Vgl. RAG. Bd. 18 S. 174.

22. **Amtshaftung. Krankenversicherung. Forderungsübergang. Dienstfahrt. Gefälligkeitsfahrt.** (BGB. § 839; RVO. § 1542.) Ein Soldat hatte mit einem Lastkraftwagen eine Dienstfahrt auszuführen. Er nahm ohne Erlaubnis einen Arbeiter mit. Unterwegs stieß er an einen Baum; der Arbeiter wurde erheblich verletzt. Die Krankenkasse, der er angehörte, wendete an Krankenhauskosten, Krankenpflege und Krankengeld für ihn

rund 400 RM. auf. 100 RM. erhielt sie von seiner Berufsgenossenschaft ersetzt; 180 RM. verlangte sie vom Deutschen Reich mit der Begründung, der Soldat habe den Unfall durch grobe Fahrlässigkeit verschuldet. In zwei Rechtszügen wurde die Klage abgewiesen. Das Reichsgericht verwies die Sache zurück. Die Klägerin hatte ihre Forderung damit begründet, daß zur Deckung ihrer Aufwendungen der Schadenersatzanspruch des Verletzten für Erwerbsausfall auf sie übergegangen sei. Der Arbeiter habe 75 Tage lang seinen Verdienst eingebüßt und dadurch einen Schaden von 399 RM. erlitten. Sie habe ihm 104 RM. Krankengeld gewährt; durch seinen 36tägigen Aufenthalt im Krankenhaus habe er 54 RM. erspart; für den ungedeckten Erwerbsschaden von 241 RM. habe der Beklagte aufzukommen. Von den 187 RM. für Krankenhauskosten rechnete sie 36 RM. für Krankenpflege ab, so daß als erstattungspflichtige Unterhaltskosten 151 RM. verblieben; dazu kamen noch als Rest des Krankengeldes nach Abzug des von der Berufsgenossenschaft erstatteten Betrags 29 RM. Nach § 1542 RVO. geht der Ersatzanspruch des Versicherten auf den Versicherungsträger insoweit über, als er dem Entschädigungsberechtigten nach der Versicherungsordnung Leistungen zu gewähren hat. Der Übergang der Ersatzforderung auf den Versicherungsträger ist nicht etwa dahin begrenzt, daß er nur stattfindet, wenn der Verletzte von ihm volle Schadensdeckung erhalten hat; er ist auch nicht darauf beschränkt, daß er nur die Forderung erfaßt, die nach Umfang und Inhalt sich genau mit der Leistung des Versicherungsträgers deckt. In einem solchen Falle würde die Forderung aus Amtshaftung durch den Anspruch gegen den Versicherungsträger gemäß § 839 Abs. 1 Satz 2 BGB. beseitigt, könnte also auch nicht mehr übergehen. Der Zweck der Vorschrift ist vor allem, eine doppelte Entschädigung des Verletzten zu vermeiden; zugleich ist das Ziel die Entlastung des Versicherungsträgers. Allerdings bekommt der Verletzte seinen Schaden nicht voll ersetzt, wenn die Versicherung einen Teil des von ihr nicht gedeckten Schadens, den der Verletzte aus dem Rechtsgrunde der Amtshaftung verlangen könnte, für sich in Anspruch nimmt. Der Versicherungsträger als Verwalter eines Vermögens der öffentlichen Hand erhält aber mit seinem Deckungsanspruch den Vorrang vor dem Versicherten. Dem Vorteil des unbedingten Versicherungsschutzes gegenüber muß der Versicherte den Nachteil in den Kauf nehmen, daß er seinen Anspruch auf Schadenersatz teilweise einbüßt. Es muß aber streng auf die Gleichartigkeit der Leistungen geachtet werden, damit der Verletzte nicht den Ersatz für einen Schaden verliert, für den ihm die Versicherung nach dem Gesetz gar keine Leistungen zu gewähren hat. Der von der Versicherung dem Dritten gegenüber geltend gemachte Ersatzanspruch muß aus demselben Tatsachenkreis herrühren, der von dem Dritten zu ersetzende Schaden muß nach seiner Art und Entstehungszeit einer Leistung der Versicherung entsprechen. Ansprüche wegen Sachschaden und Ansprüche auf Schmerzensgeld kommen hienach für den Forderungsübergang nach § 1542 RVO. nicht in Frage. Demselben Tatsachenkreis entspringen aber auf seiten der Versicherung Kranken- und Hausgeld, auf seiten des Schädigers der Ersatz von Verdienstausfall. Beide sollen dem Versicherten den Lebensunterhalt ermöglichen, den er sonst aus seinem Verdienste bestritten hat. Die Krankenhauskosten werden teils unmittelbar für die Heilung, teils für den Unterhalt an Stelle eines Krankengeldes aufgewendet, sind also insoweit gewissermaßen eine Ersatzleistung für den Verdienstausfall in Natur. Sie konnten aber nicht in der Weise, wie die Klägerin wollte, aufgeteilt werden. Nach § 1542 im Zusammenhang mit § 1524 RVO. ist für den Unterhalt im Krankenhaus die Hälfte des Grundlohns als feststehender Pauschbetrag anzusetzen, wenn nicht der Versicherungsträger höhere Aufwendungen nachweist. Die notwendige Gleichzeitigkeit der Versicherungsleistung mit dem geforderten Ersatz ließ es ferner nicht zu, Beträge für einen Verdienstausfall in Anspruch zu nehmen, der erst nach der Krankenhausbehandlung aus dem Unfall entstanden war. Demgemäß war der von der Klägerin ungedeckte Erwerbsschaden des Verletzten, soweit er in der Zeit der Krankenhausbehandlung und der Leistung des Krankengeldes entstanden war, unter Abzug eines entsprechenden Betrages für Unterhaltsersparnis während der Unterbringung im Krankenhaus zu ermitteln; ihm war gegenüberzustellen der Betrag des von der Klägerin gewährten Krankengeldes und der Unterhaltskosten im Krankenhaus, zunächst unter Zugrundelegung des halben Grundlohnes als Meßzahl, weiter unter Umständen der höheren Aufwendungen für den Unterhalt im Krankenhaus unter Berücksichtigung der Ersatzleistung der Berufsgenossenschaft; daraus ergab sich, ob und in welcher Höhe ein ungedeckter Verdienstausfall übrig blieb, den die Klägerin als Ersatz ihrer Aufwendungen für den Unterhalt des Verletzten in Anspruch nehmen konnte. Weiter waren aber auch die Einwendungen des Beklagten gegen seine

Haftung, insbesondere die Geltendmachung der unbefugten Benutzung des Wagens und der Einwand des Haftungsausschlusses bei einer Gefälligkeitsfahrt zu erörtern. Dabei war zu beachten, daß gesetzliche Ersatzansprüche, die auf den Versicherungsträger übergehen, vertraglich in den Grenzen der §§ 138, 276, 278 BGB. wegbedungen werden können, daß aber nicht jede Gefälligkeitsfahrt die Haftung des Fahrers für leichte Fahrlässigkeit ausschließt. (III, 27. Juni 1941.)

Amtl. Sammlg. S. 207—213.

Vgl. Bd. 145 S. 390; Bd. 158 S. 176; Bd. 161 S. 76, 199; JW. 1937 S. 1307, 2366.

23. Wiedereinsetzung in den vorigen Stand. Nachprüfung. (ZPO. §§ 233, 234, 519b, 548.) Das amtsgerichtliche Urteil, das die Klage abwies, wurde dem Kläger am 16. November 1939 zugestellt. Mit einer Eingabe vom 19. November 1939, beim Gericht eingegangen am 22. November 1939, bat der Kläger um die Verleihung des Armenrechts. Dieses wurde ihm mit einem Beschluß vom 4. Dezember 1939 bewilligt. Dem ihm beigeordneten Pflichtanwalt wurde der Beschluß am 14. Dezember 1939 zugestellt. Er legte am 20. Dezember 1939 Berufung ein. Am 3. Januar 1940 bat er um Wiedereinsetzung in den vorigen Stand gegen die Versäumung der Berufungsfrist mit der Begründung, daß ihm der Beschluß auf Verleihung des Armenrechts erst nach Ablauf der Berufungsfrist zugestellt worden sei. Das Oberlandesgericht bewilligte die Wiedereinsetzung in den vorigen Stand, gab der Berufung statt und verurteilte den Beklagten zur Zahlung einer Unterhaltsrente. Auf die Revision des Beklagten wurde die Berufung des Klägers als unzulässig verworfen. Da die Revisionssumme nicht gegeben war, konnte die Revision nur insoweit Beachtung finden, als es sich um die Frage der Zulässigkeit der Berufung handelte. Zunächst fragte sich, ob die Wiedereinsetzung in den vorigen Stand der Nachprüfung durch das Revisionsgericht unterlag. Im Gegensatz zu der bisherigen Rechtsprechung bejahte das Reichsgericht die Frage. Der Umstand, daß ein solcher Beschluß nicht selbständig angefochten werden kann, besagt nicht, daß er der Anfechtung überhaupt entzogen wäre. Es unterliegt keinem Zweifel, daß eine derartige Entscheidung des Berufungsgerichts, wenn sie durch Zwischenurteil oder Endurteil ergangen ist, mit der Revision gegen das Endurteil angefochten werden kann. Dann ist es aber unangebracht, die Möglichkeit der Nachprüfung für den Fall zu versagen, daß die Entscheidung in der schwächsten Form, nämlich in der des Beschlusses, ergangen ist. Es geht auch nicht an, es in die Hand des Berufungsgerichts zu legen, die Nachprüfung der Entscheidung, je nachdem, in welche Form es sie kleidet, zu ermöglichen oder zu versagen. Die Nachprüfung führte aber dazu, den Antrag auf Wiedereinsetzung in den vorigen Stand abzulehnen. Ob der Antrag fristgerecht gestellt war, konnte dahingestellt bleiben, da jedenfalls eine ordnungsmäßige Begründung des Antrags fehlte. Der Anwalt des Klägers hatte den Antrag nur darauf gestützt, daß ihm der Armenrechtsbeschluß erst nach Ablauf der Berufungsfrist zugestellt worden sei. Das war aber nach der Aktenlage unrichtig. Weitere Gründe waren nicht angeführt, insbesondere war nicht behauptet, daß der Anwalt des Klägers die Berufung nicht früher habe einlegen können, weil er vom Kläger keine Prozeßvollmacht gehabt habe. Unter diesen Umständen fehlte jede Grundlage für die Annahme, daß die Versäumung der Berufungsfrist auf einem unabwendbaren Zufall beruhte. Die Folge der Ablehnung des Wiedereinsetzungsgesuchs war die Verwerfung der Berufung. (IV, 19. Juli 1941.)

Amtl. Sammlg. S. 213—215.

24. Unterbrechung des Verfahrens. Wiedereinsetzung. Kriegseinfluß. (ZPO. §§ 233, 234, 245, 247, 516, 519, 547; VO. über Maßnahmen auf dem Gebiete des bürgerlichen Streitverfahrens vom 1. September 1939 Art. 1; VHV. §§ 24, 30, 31.) Durch ein Urteil des Landgerichts Saarbrücken vom 14. August 1939 wurde ein Rechtsanwalt zu einer Zahlung verurteilt. Das Urteil wurde ihm am 19. September 1940 zugestellt. Am 18. Oktober 1940 reichte er die Berufung, am 18. November 1940 die Berufungsbegründung ein. In der Berufungsschrift vertrat er die Auffassung, die gesetzmäßige Frist für die Einlegung der Berufung sei nach § 31 der Verordnung über die Vertragshilfe des Richters aus Anlaß des Krieges (VHV.) vom 30. November 1939 nicht gelaufen; hilfweise bat er um Wiedereinsetzung in den vorigen Stand mit der Begründung, daß er Ende August 1939 zufolge Anordnung der Heeresverwaltung seinen Wohnsitz habe verlassen müssen und erst vor kurzem wieder zurückgekehrt sei. Die Berufung wurde als unzulässig verworfen; der Beschluß wurde dem Berufungsführer am 26. November 1940 zugestellt. Mit einer Eingabe vom gleichen Tage, die am 27. November 1940 beim Berufungsgericht einging, wiederholte er seinen Antrag auf Wiedereinsetzung in den vorigen Stand. Dieser wurde durch Beschluß des Berufungsgerichts vom 27. November

1940 zurückgewiesen; der Beschluß wurde dem Antragsteller am 5. Dezember 1940 zugestellt. Seine Beschwerde an das Reichsgericht ging dort am 10. Dezember 1940 ein. Sie war an sich zulässig, auch frist- und formgerecht eingelegt. Erfolg hatte sie nicht. Da das Urteil am 14. August 1939 verkündet und bis zum 14. Januar 1940 nicht zugestellt worden war, begann mit diesem Tage die Berufungsfrist zu laufen. Dabei war ohne Belang, welche Ereignisse in der Zwischenzeit den Beklagten oder die Rechtspflege der Gerichte, vor denen der Rechtsstreit weiterzuführen war, betroffen hatten. Dieser Zeitraum war keine Frist, deren Ablauf durch die Folgen solcher Ereignisse für den Rechtsstreit beeinflußt wurde; er stellte nur die kalendermäßige Größe dar, deren Ende den Zeitpunkt bezeichnete, an dem die Berufungsfrist spätestens begann. In Frage kam also zunächst, ob bei Beginn der Berufungsfrist ein Zustand gegeben war, der ihren Ablauf beeinflußte, oder ob ein solcher Zustand während ihres Laufs eintrat. Der Beklagte hatte hiefür auf § 31 VHV. hingewiesen. Dort ist zugunsten der durch die Verordnung geschützten Personen eine Hemmung für Fristen vorgeschrieben, die für die Beschreitung des Rechtswegs oder die sonstige Geltendmachung von Rechten im gerichtlichen Verfahren vorgeschrieben sind. Damit sind aber offensichtlich nur solche Fristen gemeint, die für das Rechtshängigmachen eines Anspruchs oder für seine Einführung in einen anhängigen Rechtsstreit vorgeschrieben sind, nicht aber Fristen, die innerhalb eines gerichtlichen Verfahrens zur wirksamen Vornahme von Prozeßhandlungen beachtet werden müssen. Die Wirkungen der in der Verordnung vorausgesetzten Verhältnisse auf anhängige gerichtliche Verfahren sind in ihrem § 24 geregelt. Nach dieser Bestimmung setzt der Eintritt einer solchen Wirkung einen Antrag des Schuldners oder eine Anordnung des Gerichts voraus; im vorliegenden Falle fehlten diese Voraussetzungen. Die Unterbrechung des Verfahrens ist für den Fall des Stillstandes der Rechtspflege für die Dauer dieses Zustandes vorgesehen. Auch dieser Fall lag nicht vor. Allerdings wurden das Landgericht Saarbrücken und das Oberlandesgericht Zweibrücken durch Anordnung der Wehrmacht von ihren ordentlichen Sitzen wegverlegt, und zwar das Landgericht nach Kaiserslautern, das Oberlandesgericht nach Ludwigshafen; beide arbeiteten dort aber sofort weiter. Dem Beklagten war das auf eine an den Präsidenten des Landgerichts Saarbrücken gerichtete Anfrage am 7. Oktober 1939 mitgeteilt worden. Nach

Art. 1 der Verordnung über Maßnahmen auf dem Gebiete des bürgerlichen Rechtsstreits würde das Verfahren unterbrochen worden sein, wenn der Beklagte durch die besonderen Verhältnisse betroffen worden wäre, die sich aus der politischen Lage ergaben; als solche sind angeführt: Zugehörigkeit zur Wehrmacht, Dienstverpflichtung, Befinden in fremder Gewalt. Der Auffassung des Beklagten, daß damit nur Beispiele angeführt seien, daß jedenfalls eine Ausdehnung der Vorschrift auf ähnliche Fälle geboten sei, trat das Reichsgericht entgegen; Art. 2 der Verordnung läßt klar erkennen, daß als betroffen im Sinne der Verordnung nur die in Art. 1 ausdrücklich genannten Personen anzusehen sind. Der Beklagte gehörte nicht zu ihnen. Er hatte allerdings bei einem Finanzamt Dienst geleistet; hiezu hatte er sich aber freiwillig gemeldet, war also nicht zur Dienstleistung herangezogen worden. Somit konnte nur in Frage kommen, ob dem Beklagten die Wiedereinsetzung in den vorigen Stand zu gewähren war. Durch den Zwang, seinen Wohnsitz, an dem er auch seinen Beruf ausübte, aufzugeben, war bei dem Beklagten ein Zustand geschaffen worden, der als unabwendbarer Zufall angesehen werden konnte. Die Wiedereinsetzung mußte aber daran scheitern, daß er die Frist für die Anbringung des Gesuchs nicht gewahrt hatte. Diese lief spätestens von der Zustellung des Urteils an. Daß zu dieser Zeit seine Kanzlei noch nicht in Ordnung war, ihm auch eine Hilfskraft fehlte, konnte ihn nicht entlasten. (III, 25. Juli 1941.)

Amtl. Sammlg. S. 215—222.

25. Zuständigkeit. (ÖstJN. §§ 43, 47; ZPO. §§ 36, 767, 769, 802.) Vor dem deutschen Amtsgericht B. im Protektorat wurde ein Vergleich geschlossen, durch den die Verpflichtung zur Zahlung von Unterhalt übernommen wurde. Wegen dieses Anspruchs erwirkte die Berechtigte beim Amtsgericht N. im Altreich, dem Wohnort des Schuldners, einen Pfändungsbeschluß gegen diesen. Er trat der Zwangsvollstreckung mit einer Klage auf deren Unzulässigkeit wegen schon geleisteter höherer Zahlungen entgegen. Das Amtsgericht B. erklärte sich auf Grund der Österreichischen Jurisdiktionsnorm für unzuständig, weil Klagen wegen Unzulässigkeit der Zwangsvollstreckung bei dem Gericht geltend zu machen seien, bei dem die Bewilligung der Zwangsvollstreckung im ersten Rechtsgang beantragt worden ist. Der Rekurs des Klägers wurde zurückgewiesen. Nun beantragte der Kläger beim Amtsgericht N. die Bewilligung des Armenrechts für die Klage. Dieses wies das Gesuch ab, weil nach der deutschen Prozeßordnung das Prozeßgericht des ersten Rechtsgangs, also das deutsche Amtsgericht in B., zuständig sei; die sofortige Beschwerde des Klägers hatte keinen Erfolg. Das Reichsgericht entschied, daß das Amtsgericht N. zuständig sei. Die Entscheidung wurde mit der Erwägung begründet, daß dort der Kläger den Beweis seiner Leistungen an die Beklagte am ehesten zu führen imstande sei. Der Streit war dadurch entstanden, daß das Reichsgebiet zur Zeit noch in verschiedene Verfahrensrechtsgebiete gespalten ist, die voneinander abweichende Bestimmungen enthalten. Für sein Gebiet hatte jedes der beiden Amtsgerichte recht. Ein Gericht mußte aber für die Klage zuständig sein, weil der Kläger nicht rechtlos gestellt werden konnte. Deshalb hatte das Reichsgericht die Entscheidung zu treffen. (II, 12. August 1941.) Amtl. Sammlg. S. 222—224.

26. Wirtschaftslenkung. Ausgleichsvergütung. Auslobung. Rechtsweg. (BGB. §§ 315, 657; GVG. § 13.) Die Reichsstelle für landwirtschaftliche Erzeugnisse zahlt den im deutschen Zollgebiet gelegenen Ölmühlen bei der Verarbeitung inländischer Ölfrüchte eine Ausgleichsvergütung, um sie für die Verluste, die sie beim Ankauf solcher Früchte haben, zu entschädigen. Hiefür werden jedes Jahr Richtlinien herausgegeben. In den Richtlinien des Jahres 1936 war bestimmt, daß die Ölmühlen für minderwertige Waren den Verkäufern entsprechende Abzüge zu machen hätten; insbesondere sollte die Ware einen Wassergehalt von höchstens 12% haben. Eine Aktiengesellschaft, die eine Ölmühle betrieb, erhielt für das Jahr 1936 eine Ausgleichsvergütung, die der von ihr verarbeiteten Menge inländischer Ölfrüchte entsprach. Im Jahr 1939 wurde ihr Betrieb nachgeprüft; es wurde festgestellt, daß sie bei einer großen Menge Ölfrucht, die mehr als 12% Wasser enthielt, keinen dem Wassergehalt entsprechenden Abzug, zum Teil überhaupt keinen Abzug, gemacht hatte. Die Reichsstelle verlangte von ihr die Hälfte der gewährten Ausgleichsvergütung, nämlich rund 22500 RM., zurück. Die Aktiengesellschaft zahlte den Betrag unter Vorbehalt aller Rechte und klagte auf Rückzahlung von 19500 RM. In zwei Rechtszügen wurde die Klage wegen Unzulässigkeit des Rechtswegs abgewiesen. Das Reichsgericht erklärte den Rechtsweg für zulässig und verwies die Sache an das Landgericht zurück. Die Klage war in erster Reihe auf ungerechtfertigte Bereicherung (Zahlung einer Nichtschuld), in zweiter Reihe auf Amtspflichtverletzung gestützt. Das Landgericht hatte den ersten Klagegrund nicht richtig erfaßt. Es hatte angenommen, die Rechtslage sei so, als ob die Klägerin nur die Hälfte der ihr nach ihrer Auffassung zustehenden Ausgleichsvergütung erhalten hätte und nun die weitere Leistung verlange. Für solche Fälle ist in den Richtlinien vorgesehen, daß die Reichsstelle nach pflichtmäßigem Ermessen entscheidet, ob die Richtlinien eingehalten sind, und im Falle der Verneinung der Frage die Ausgleichsvergütung ablehnen oder kürzen kann. Das war irrig. Wenn der Klägerin ein Anspruch auf Zahlung der Ausgleichsvergütung zustand, so war dieser durch die ursprüngliche Zahlung erfüllt worden und damit erloschen. Der nunmehr geltend gemachte Anspruch beruhte auf Vorgängen, die später lagen, nämlich darauf, daß die Klägerin an die Beklagte auf deren Verlangen einen Teil der Ausgleichsvergütung zurückgezahlt hatte; es kam in Frage, ob hiedurch die Beklagte ungerechtfertigt bereichert worden war. Gehört bei einem Anspruch aus ungerechtfertigter Bereicherung die Leistung, die rückgängig gemacht werden soll, dem bürgerlichen Recht an oder ist dafür jedenfalls der Rechtsweg eröffnet, so gilt das auch für diesen Anspruch. Umgekehrt ist es nicht möglich, ein dem öffentlichen Bereich angehörendes Rechtsverhältnis dadurch dem Rechtsweg zuzuführen, daß unter dem Gesichtspunkt ungerechtfertigter Bereicherung Anspruch auf Rückgabe der Leistung erhoben wird. Wenn die Klägerin nicht freiwillig zur Herausgabe des von der Beklagten geforderten Betrags bereit gewesen wäre, hätte die Beklagte ihr Verlangen nur im Wege der Klage vor dem ordentlichen Gericht durchsetzen können. Daraus ist folgerichtig der Schluß zu ziehen, daß dann auch die Klägerin auf diesem Weg eine Entscheidung darüber muß herbeiführen können, ob für die Rückforderung ein rechtlicher Grund vorlag. Dem steht nicht entgegen, daß die Beklagte ein Gebilde darstellt, das nicht im Bereich des bürgerlichen Rechts entstanden ist, sondern dem öffentlichen Recht angehört. Auch Körperschaften des öffentlichen Rechts können sich, und zwar auch zum Zweck der Erreichung öffentlich-rechtlicher Ziele, auf den Boden des bürgerlichen Rechtsverkehrs begeben. Ob das im einzelnen Falle geschehen ist und ob demnach der Verfolgung eines Anspruchs gegen die öffentliche Körperschaft der Rechtsweg offensteht, kann nur aus der Natur des Rechtsverhältnisses entnommen werden, aus dem der Anspruch hergeleitet wird. Stellt sich dieser nach seiner tatsächlichen Begründung als die Folge eines Sachverhalts dar, der nach den Grundsätzen des bürgerlichen Rechts für die Entstehung eines solchen

Anspruchs Raum läßt, so kann der Rechtsschutz durch die ordentlichen Gerichte nicht versagt werden. Dagegen ist der Rechtsweg in der Regel verschlossen, wenn der Anspruch nach dem vom Kläger vorgetragenen Tatbestand nur als öffentlich-rechtlicher bestehen und auch nur insofern Gegenstand des Streits sein kann. Daß den Ölmühlen ein wirklicher Anspruch auf Zahlung der Ausgleichsvergütung verliehen werden sollte, folgt aus äußeren und inneren Gründen. Aus äußeren, weil die Bekanntmachung, daß eine solche Vergütung gewährt würde, in den beteiligten Kreisen nur so verstanden werden konnte. Aus inneren, weil die Vergütung bewirken sollte, die Ölmühlen zur Gewährung von Preisen an die Ölbauern zu veranlassen, die für die Mühlen nur tragbar waren, wenn die sichere Aussicht auf teilweisen Ersatz durch die Ausgleichsvergütung bestand. Wenn der Reichsstelle die Entscheidung nach freiem pflichtmäßigem Ermessen vorbehalten wurde, stellte das nicht die Entstehung des Anspruchs selbst in das Ungewisse, sondern gewährte der Reichsstelle nur bei der Nachprüfung ihrer Beurteilungen eine freiere Stellung. Daß die Reichsstelle selbst die Ansprüche als solche des bürgerlichen Rechts ansah, ergab sich unmißverständlich daraus, daß die Richtlinien für alle Rechtsstreitigkeiten mit ihr die Zuständigkeit der bürgerlichen Gerichte vorsahen. Ob die Rechtsbeziehungen zwischen den Ölmühlen und der Reichsstelle unter dem Gesichtspunkt der Auslobung zu betrachten waren, ließ das Reichsgericht dahingestellt; es erklärte aber, daß es dem Wesen der Auslobung nicht widerspreche, wenn der Auslobende sich die Entscheidung über die Zuteilung der Belohnung vorbehält. Die Wendung „freies pflichtmäßiges Ermessen" bedeutete hienach, daß zwar für die Gewährung der Ausgleichsvergütung die Beurteilung der Reichsstelle maßgebend sein sollte, daß sie aber von billigem und pflichtmäßigem Ermessen getragen sein mußte. Hierüber hatten nach § 315 BGB. die Gerichte zu entscheiden. Eines Eingehens auf die Frage einer Amtspflichtverletzung der Beamten der Reichsstelle bedurfte es hienach nicht. (III, 1. August 1941.)

Amtl. Sammlg. S. 225—236.

Vgl. Bd. 83 S. 161; Bd. 90 S. 314; Bd. 103 S. 52; Bd. 105 S. 35; Bd. 157 S. 106; Bd. 166 S. 1.

27. **Veräußerung jüdischen Grundbesitzes. Richterliche Nachprüfung.** (VO. über den Einsatz jüdischen Vermögens vom 3. Dezember 1938.) Ein Jude verkaufte ein Grundstück in Berlin um 97000 RM. Der Käufer übernahm Hypotheken in Höhe

von 42000 RM.; den Rest des Kaufpreises sollte er binnen acht Tagen nach Rechtskraft der für den Vertrag erforderlichen Genehmigungen beim Notar hinterlegen. Dieser sollte davon die Wertzuwachssteuer berichtigen, einen Betrag an eine bestimmte Person ausbezahlen und den Rest an das Finanzamt zur Verrechnung auf die vom Verkäufer geschuldete Judenvermögensabgabe abführen. Der Vertrag wurde durch den Stadtpräsidenten unter Herabsetzung des Preises auf 92000 RM. genehmigt; der jüdische Verkaufspreis (d. h. der an den jüdischen Verkäufer zu zahlende Preis) wurde auf 71000 RM. festgesetzt. Von Erteilung einer Auflage hinsichtlich des Unterschiedsbetrags von 21000 RM. wurde abgesehen, weil die aus dem Vertrag dem Verkäufer verbleibende Summe an das Finanzamt abzuführen war. Nachdem der Verkäufer die Vermögensabgabe an das Finanzamt aus anderen Mitteln bezahlt hatte, ersuchte er den Notar, den Kaufpreisrest auf sein Konto bei der Dresdner Bank zu zahlen. Der Käufer hatte inzwischen den Kaufpreis nach der Bestimmung des Kaufvertrags beim Notar hinterlegt. Dieser fragte beim Stadtpräsidenten an, ob er dem Ersuchen des Klägers stattgeben dürfe. Der Stadtpräsident änderte seinen früheren Genehmigungsbeschluß dahin ab, daß der Kaufpreis für den jüdischen Veräußerer auf 71000 RM., für den arischen Erwerber auf 92000 RM. festgesetzt und dem arischen Erwerber die Auflage gemacht wurde, eine Ausgleichszahlung von 21000 RM. zugunsten des Reichs an das für seinen Wohnsitz zuständige Finanzamt zu leisten. Der Käufer gab dem Notar einen entsprechenden Auftrag; dieser führte ihn aus. Der Verkäufer klagte gegen den Käufer auf Zahlung eines Betrags von 10500 RM. mit der Begründung, daß der neue Beschluß des Stadtpräsidenten unwirksam sei und der Beklagte nicht auf ihn hin die Hinterlegung habe rückgängig machen dürfen. Das Landgericht wies die Klage ab. Die Sprungrevision des Klägers hatte keinen Erfolg. Unstreitig hatte der Beklagte den Kaufpreis nach Maßgabe des Vertrags hinterlegt und damit die ihm als Käufer obliegende Zahlungspflicht erfüllt. Die weitere Verfügung über das Geld war Sache des als Treuhänder eingesetzten Notars. Dieser war dabei an den Inhalt der Vereinbarung gebunden, nicht aber an Weisungen des Beklagten oder des Klägers. Der Kläger hatte ausgeführt, der Beklagte habe durch sein an den Notar gerichtetes Ersuchen, die Ausgleichszahlung aus dem hinterlegten Betrag zu leisten, seine Hinterlegung insoweit unwirksam gemacht. Das war aber schon deshalb unrichtig, weil der Notar die Auszahlung an das Finanzamt nicht wegen des Ersuchens des Beklagten, sondern auf Grund der Anweisung des Stadtpräsidenten vorgenommen hatte. Wenn der Beschluß des Stadtpräsidenten, wie der Kläger meinte, rechtsunwirksam gewesen wäre, könnte in Frage kommen, ob der Notar mit der Auszahlung gegen den Widerspruch des Klägers seine Treuhänderpflicht verletzt hatte, indem er auszahlte und nicht wegen Ungewißheit über die Person des Empfangsberechtigten hinterlegte. Aber auch wenn der Notar auf Grund des Ersuchens des Beklagten die Auszahlung an das Finanzamt vorgenommen hätte, wäre damit die schon durch die Hinterlegung des Geldes beim Notar erfolgte Zahlung nicht rückgängig gemacht worden. Der Beklagte könnte für etwaige dem Kläger schädliche Folgen seines Ersuchens nur dann haftbar gemacht werden, wenn er damit schuldhaft seinen Vertragspflichten zuwidergehandelt hätte. Das war aber selbst bei Unterstellung der Nichtigkeit des zweiten Beschlusses des Stadtpräsidenten zu verneinen, weil der Beklagte sich nur einem obrigkeitlichen Befehl gebeugt hatte. Er hatte mit der Hinterlegung des Kaufpreises beim Notar seine Zahlungspflicht erfüllt und nachträglich nichts getan, was die dadurch eingetretene Schuldbefreiung wieder beseitigt hätte. Der zweite Beschluß des Stadtpräsidenten mußte aber als rechtswirksam hingenommen werden. Die Verantwortung für die Gesetzmäßigkeit ihrer Entscheidungen und für die richtige Lösung ihnen überlassener Ermessensfragen tragen die Verwaltungsbehörden selbst. Es ist im allgemeinen nicht Aufgabe der Gerichte, Entscheidungen von Verwaltungsbehörden darauf nachzuprüfen. Im vorliegenden Falle war eine Abänderung des ersten Beschlusses dadurch notwendig geworden, weil die in dem Vertrag vorgesehene Abführung des Restes des Kaufpreises an das Finanzamt gegenstandslos geworden war. Der Notar mußte auf seine Anfrage wegen der Ausführung dieses Teils des Vertrags einen Bescheid bekommen; hiefür war eine neue Entschließung geboten. Daß der Stadtpräsident nun die Zahlung von 21000 RM. des Preises als Auflagezahlung an das Reich bestimmte, war Sache seines freien Ermessens. (V, 18. August 1941). Amtl. Sammlg. S. 236—243.

Vgl. Bd. 103 S. 104; JW. 1922 S. 491.

28. **Haftpflichtversicherung. Schadens- und Deckungsverfahren. Rechtskraft. Bindung.** (VersVertrG. § 149.) Gegen die gesetzliche Haftpflicht aus dem Betrieb eines Personenkraftwagens wurde Versicherung genommen. Der Wagen stieß mit

einem Kraftrad zusammen. Als Halter des Wagens wurde der Versicherte zu Schadenersatz verurteilt. Die Versicherungsgesellschaft lehnte die Gewährung von Versicherungsschutz mit der Begründung ab, daß der Versicherte zur Zeit des Unfalls nicht Halter des Wagens gewesen sei. Seine Klage auf Gewährung des Versicherungsschutzes drang in allen Rechtszügen durch. Wird im Schadenprozeß die Haftpflicht des Versicherungsnehmers gegenüber dem Geschädigten rechtskräftig festgestellt, so ist diese Feststellung auch im Verhältnis zwischen dem Versicherungsnehmer und dem Versicherer maßgebend. Dem Versicherer steht nur der Einwand offen, daß der Versicherungsnehmer durch vorsätzliche oder fahrlässige Verletzung der Abwehrpflicht oder durch ebenso schuldhaften Verstoß gegen eine sonstige Obliegenheit den Versicherungsanspruch verwirkt habe. Durch das rechtskräftige Urteil im Schadenprozeß, in welchem der Kläger als Halter des Kraftwagens in Anspruch genommen worden war, wurde in einer für den Deckungsprozeß bindenden Weise zugleich festgestellt, daß das Schadensereignis in den Grenzen des Versicherungsbereichs stattgefunden hatte; auch diese Feststellung war gegenüber dem Versicherer bindend und er konnte im Deckungsprozeß nicht mehr einwenden, sie sei unrichtig. Dem Versicherer bleiben nur versicherungsrechtliche Einwendungen offen, d. h. Einwendungen, die sich aus dem Versicherungsvertrag als solchem ergeben und nicht die Frage betreffen, ob der Versicherungsnehmer dem Verletzten aus einem in den Versicherungsbereich fallenden Schadensereignis haftet. So hatte die Beklagte geltend gemacht, daß der Kläger sie über Tatsachen, die für die Beurteilung seiner Haltereigenschaft erheblich waren, bewußt getäuscht und dadurch veranlaßt habe, im Schadensprozeß seine Haltereigenschaft nicht zu bestreiten. Diese Fragen zu prüfen war das Gericht des Deckungsprozesses nicht gehindert, weil infolge der Verletzung einer im Versicherungsvertrag festgesetzten Obliegenheit die beklagte Versicherungsgesellschaft von ihrer Verpflichtung gegenüber dem Kläger frei geworden wäre. Die Erwägungen, mit denen das Berufungsgericht zu dem Ergebnis gelangt war, daß der Kläger zur Zeit des Unfalls wirklich Halter des Wagens gewesen war, also die von der Beklagten behauptete Obliegenheitsverletzung nicht begangen habe, beruhten im wesentlichen auf dem Gebiete der tatsächlichen Feststellung und Beweiswürdigung; Rechtsverstöße waren nicht nachgewiesen. (VII, 22. Juli 1941.)

Amtl. Sammlg. S. 243—249.

29. Grundbuchbereinigung. Ersatzeintragung. Anerbengerichtliche Genehmigung. (RErbhG. § 37; RGrundbBerG. §§ 1, 4, 6; Danziger Gesetz über die Bereinigung der Grundbücher §§ 4, 5.) Auf einem im Gebiet des ehemaligen Freistaates Danzig gelegenen Grundstück war eine Unterhaltsrente als Reallast eingetragen. Sie wurde mit Rücksicht auf die Geldentwertung im Jahr 1934 von Amts wegen gelöscht, dann aber auf Grund des Danziger Aufwertungsgesetzes mit einem entsprechenden Betrag im Jahr 1940 wieder eingetragen. Die Eigentümer des Grundstücks beantragten die Eintragung eines Widerspruchs gegen die Richtigkeit des Grundbuchs, weil für die Wiedereintragung der Rente eine anerbengerichtliche Genehmigung notwendig gewesen wäre. Das Grundbuchamt und das Landgericht lehnten den Antrag ab. Das Oberlandesgericht Danzig wollte die weitere Beschwerde der Eigentümer zurückweisen, legte aber wegen einer entgegenstehenden Entscheidung des Kammergerichts Berlin die Sache dem Reichsgericht vor. Dieses verwarf die weitere Beschwerde. Das Grundstück gehörte zu einem Erbhof; daß der Erbhofvermerk nicht eingetragen war, machte nichts aus. Zu entscheiden war also, ob für eine nach den Grundbuchbereinigungsgesetzen mögliche Eintragung eines Ersatzes für eine erloschene Belastung anerbengerichtliche Genehmigung erforderlich ist. Diese Frage war zu verneinen. Es handelte sich allerdings bei der Eintragung nicht um eine Grundbuchberichtigung. Da nach den Vorschriften über die Grundbuchbereinigung die Belastung erloschen war, hatte deren Löschung das Grundbuch nicht unrichtig gemacht. Die Neubelastung stellte sich aber der Sache nach als die Aufrechterhaltung der alten Belastung dar, deren bedingungslosen, völligen Verlust man dem Gläubiger nicht zumuten wollte. Das trat deutlich darin in die Erscheinung, daß die Eintragung auf einseitigen Antrag des Gläubigers stattfand. Das Erbhofrecht ließ die bei seinem Inkrafttreten bestehende Belastung der Erbhöfe grundsätzlich unberührt; das mußte auch für die Eintragung einer dem Wesen nach nur als Neuerweckung einer alten Belastung anzusehenden Reallast gelten. (V, 18. August 1941.)

Amtl. Sammlg. S. 249—254.

Vgl. Bd. 144 S. 231.

30. Erstattungsanspruch. Revision. (RErstattG. § 8; ZPO. § 547 Nr. 2; GVG. § 71; PrAGzGVG. § 39.) Ein Angestellter einer Gemeinde, der mit der Führung der Gemeindekasse und auch der Verwaltung der Kasse des Amtsbezirks beauftragt war, beging Unterschlagungen. Er wurde zu einer Gefängnisstrafe verurteilt. Der Landrat des Kreises erließ gegen ihn zwei Erstattungsbeschlüsse. Er focht diese mit einer Klage gegen den Landrat an und beantragte, die Vollstreckung für unzulässig zu erklären. Das Berufungsgericht wies die Klage ab, weil der Landrat nicht der richtige Beklagte sei. Die Revision des Klägers hatte keinen Erfolg. Da die Revisionssumme nicht erreicht war, wäre die Revision nur zulässig gewesen, wenn es sich um einen Anspruch gehandelt hätte, für den die ausschließliche Zuständigkeit der Landgerichte ohne Rücksicht auf den Wert des Streitgegenstandes gegeben gewesen wäre. Das traf nicht zu. Das Erstattungsgesetz enthält nicht die Grundlage für die Entstehung der Erstattungsansprüche, sondern läßt es bei den schon bestehenden Haftungsbestimmungen bewenden. Für den Kläger als Vertragsangestellten kam nur eine Haftung aus Dienstvertrag oder aus unerlaubter Handlung in Frage (§§ 611ff., 823 BGB.). Aus diesen Haftungsgründen ergab sich keine ausschließliche Zuständigkeit der Landgerichte; § 71 GVG. und § 39 Nr. 3 PrAGzGVG. setzen das Bestehen eines Beamtenverhältnisses voraus. Das Erstattungsgesetz sieht allerdings für Anfechtungsklagen gegen Erstattungsbeschlüsse ein einheitliches Verwaltungsrechtsverfahren mit dem Reichsverwaltungsgericht als letztem Rechtszug vor, einerlei, ob die Erstattungsansprüche auf bürgerlichrechtlicher oder beamtenrechtlicher Grundlage beruhen; solange jedoch der Ausbau des Verwaltungsrechtsverfahrens nicht abgeschlossen ist, haben noch die Gerichte zu entscheiden. Für deren Verfahren verbleibt es bei den bisherigen Zuständigkeiten. Da der Erstattungsanspruch auf arbeitsrechtlicher Grundlage beruhte, hätte die Klage vor dem Arbeitsgericht erhoben werden müssen. Wurde sie aber vor dem ordentlichen Gericht durchgeführt, so unterlag sie den hiefür geltenden Bestimmungen. (III, 29. August 1941.)

Amtl. Sammlg. S. 254—256.
Vgl. Bd. 165 S. 323.

31. Aufrechnung. (BGB. §§ 273, 393.) Wegen Erteilung einer bewußt unwahren Auskunft wurde auf Schadenersatz geklagt; die Klage wurde auf Vertrag und auf unerlaubte Handlung gestützt. Im zweiten Rechtszug rechnete der Beklagte mit einer Gegenforderung auf. Das Berufungsgericht wies die Klage mit der Begründung ab, daß etwaige Schadenersatzansprüche des Klägers aus unerlaubter Handlung verjährt seien und daß eine Prüfung der Frage, ob ihm Ansprüche vertraglicher Art zuständen, unterbleiben könne, da diese durch die vom Beklagten erklärte Aufrechnung erloschen seien. Das Reichsgericht verwies die Sache zurück. Wenn einer streitigen Klageforderung eine begründete Gegenforderung gegenübergestellt wird, muß in aller Regel das Bestehen oder Nichtbestehen der Forderung festgestellt werden; nur auf diesem Wege kann die unentbehrliche Klarheit über die Tragweite der Rechtskraft des Urteils für Forderung und Gegenforderung verbürgt werden. Davon hätte nur abgesehen werden können, wenn der Beklagte, um die sofortige Abweisung der Klage zu erreichen, erklärt hätte, er wolle die klagebegründenden Behauptungen, soweit es zu diesem Zwecke nötig sei, zugestehen und sich auf die Aufrechnungseinrede beschränken; ein solches bedingtes Anerkenntnis berechtigt den Richter, die Klageforderung für den Fall, daß die Gegenforderung begründet ist, als unstreitig und durch die Aufrechnung erloschen zu behandeln. Eine Erklärung dieses Inhalts hatte aber der Beklagte nicht abgegeben. Auch über die Vorschrift, daß gegenüber einer Forderung aus einer vorsätzlich begangenen unerlaubten Handlung eine Aufrechnung nicht zulässig ist, hatte sich das Berufungsgericht zu Unrecht hinweggesetzt. Diese Vorschrift ist zwingendes Recht und beruht auf der Auffassung, daß derjenige, der einen anderen durch eine vorsätzliche unerlaubte Handlung geschädigt hat, diesen Schaden durch wirkliche Ersatzleistung wieder gutmachen muß. Sie verliert ihre Rechtfertigung nicht, wenn der Schädiger gegenüber der Forderung aus unerlaubter Handlung die Einrede der Verjährung erheben kann, aber wegen des gleichen Sachverhalts aus dem vertraglichen oder einem anderen rechtlichen Gesichtspunkt zur Wiedergutmachung verpflichtet bleibt. Durch die Verjährung wird der Handlung der Makel des Unsittlichen nicht genommen. Der sittlichen Bedeutung der Vorschrift und gesundem Rechtsempfinden entspricht vielmehr die Versagung der Aufrechnungsberechtigung in allen Fällen, in denen der dem Anspruch zugrunde liegende Sachverhalt die Merkmale der vorsätzlichen unerlaubten Handlung aufweist, unabhängig davon, ob dieser Gesichtspunkt zur Begründung des Anspruchs geltend gemacht ist und aus ihm die Wiedergutmachung noch erzwungen werden kann. Das Berufungsgericht hätte also die Frage, ob sich der Beklagte einer vorsätzlichen unerlaubten Handlung durch das in der Klage behauptete Verhalten schuldig gemacht hatte, nicht auf sich beruhen lassen dürfen. (VII, 2. September 1941.) Amtl. Sammlg. S. 257—260. Vgl. Bd. 42 S. 320, 362; Bd. 54 S. 137; Bd. 56 S. 317; Bd. 80 S. 165; JW. 1913 S. 101, 388.

32. Handelsunternehmen. Innerer Geschäftswert. Vertragsauslegung. (HGB. §§ 22, 40, 138.) Eine offene Handelsgesellschaft betrieb den Handel mit Kraftfahrzeugen. Von den beiden Gesellschaftern kündigte der eine die Gesellschaft zum 31. Dezember 1938; das Geschäft ging mit diesem Zeitpunkt auf den anderen Gesellschafter über. Für die Auseinandersetzung bestimmte der Gesellschaftsvertrag, daß der Kapitalanteil des ausscheidenden Gesellschafters durch eine für den Tag des Ausscheidens aufzunehmende Inventur festzustellen sei, in der die Aktiven und Passiven der Gesellschaft nach ihrem wahren Wert einzustellen seien; ein ideeller Geschäftswert (Firmenwert) habe außer Betracht zu bleiben. Zwischen den Gesellschaftern entstand Streit darüber, ob der Wert von Verträgen in Ansatz zu bringen sei, welche die Gesellschaft mit drei Kraftfahrzeugfabriken geschlossen hatte. Das Berufungsgericht gab der Klage des ausscheidenden Gesellschafters statt. Das Reichsgericht wies sie ab. Der Nachprüfung der Auslegung des Gesellschaftsvertrags, soweit er nur Belange der Vertragschließenden, nicht auch die Rechte Dritter berührte, waren im Revisionsverfahren Grenzen gesetzt. Das Revisionsgericht war an die Vertragsauslegung durch das Berufungsgericht gebunden, wenn sie mit dem Wortlaut des Vertrags sowie den Denkgesetzen vereinbar war, anerkannte Auslegungsgrundsätze nicht verletzte und wesentlichen Auslegungsstoff nicht außer acht ließ. Das Reichsgericht fand, daß die Auslegung, die das Berufungsgericht der streitigen Bestimmung gegeben hatte, gegen die Denkgesetze verstieß. Es unterschied zwischen greifbaren und nur nach Vorstellung und Schätzung zu empfindenden (ideellen) Werten, die man als Firmenwert bezeichne. Damit wurde es der verkehrsüblichen Bedeutung des Wortes „Firmenwert" nicht gerecht. Mit den Ausdrücken „ideeller Geschäftswert", „innerer Geschäftswert", für die auch (weniger genau) die Worte „Firmenwert" oder „Kundschaft" gebraucht werden, bezeichnet man im Verkehr den besonderen Wert, der einem geschäftlichen Unternehmen als einem lebendigen Wesen über den sich aus dem Werte der einzelnen Aktiven nach Abzug der Schulden ergebenden Saldo hinaus zukommt; die Ausdrücke entsprechen dem englischen „good will" und dem französischen „façon". Der innere Geschäftswert verkörpert insbesondere Gewinnaussichten, die für das Unternehmen durch sein Ansehen, den Ruf seiner Ware und seiner gewerblichen Leistungen, seine Beziehungen zu Abnehmern und Lieferern, den Aufbau des Verkaufs und der Herstellung sowie durch einen eingearbeiteten Stamm von Vertretern, Reisenden, Angestellten und Arbeitern für die Folgezeit bestehen. Er setzt sich somit aus verschiedenen Bestandteilen zusammen; ebenso wie diese ist er nicht von vornherein in einer zahlenmäßig feststehenden Geldsumme bestimmt, aber doch greifbar, indem er, wie § 738 BGB. es vorschreibt, durch Schätzung ermittelt wird. Die in Streit befindlichen Verträge betrafen die Überlassung von Verkaufsrechten oder Alleinverkaufsrechten für bestimmte Gebiete. Das Berufungsgericht war davon ausgegangen, daß die Verträge am 31. Dezember 1938 beendet waren, also nur eine Rechtsposition hinterlassen hatten, die sich wirtschaftlich auswirken und zu einer neuen Vertragsbindung führen konnte; diese Rechtsposition rechnete es aber nicht zum Firmenwert, weil ihr Vermögenswert immerhin im Wege der Schätzung ermittelt werden könne. Das trifft aber auch für Aktivposten zu, die allgemein nicht zum inneren Geschäftswert gerechnet werden (Konzessionen, Lizenzen, Markenrechte). Geschäfts- und verkehrsüblicherweise fallen unter den Begriff des Firmenwerts alle für die Bewertung des lebenden Betriebes wichtigen, die Gewinn- und Ertragsaussichten bestimmenden und beeinflussenden, im Machtbereich des Unternehmens liegenden Umstände, die in anderen Posten der Bilanz nicht erfaßt sind und nach ihrer Eigenart nicht erfaßt werden können. Wenn das Gesetz vorschreibt, daß Konzessionen, Patente, Lizenzen, Markenrechte und ähnliche Rechte in der Bilanz aufzuführen sind, folgt daraus, daß diese Gegenstände nicht zum Firmenwert gehören. Die Rechtslehre zählt dazu auch Urheberrechte, Verlagsrechte, Gebrauchsmusterrechte und ähnliche Bildungen. Ob Mitverkaufs- oder Alleinverkaufsrechte, die durch Vertrag begründet worden sind, darunter fallen, ist zweifelhaft. Solche Verträge gewähren, besonders wenn schon günstige Umsatzzahlen aus der Vergangenheit vorliegen, einen mit solcher Sicherheit zu erwartenden zukünftigen Gewinn, daß die bestehende Vertragsbindung schon einen gegenwärtigen, rechtlich gesicherten Vermögensvorteil darstellt; die Gewinnaussicht ist durch die Vertragsbindung schon teilweise verwirklicht, und es handelt sich um mehr als eine bloße Chance. Die Frage konnte aber offen bleiben, weil die Verträge im Zeitpunkt des

Ausscheidens des Klägers aus der Gesellschaft hinfällig wurden. Damit fielen die festen Beziehungen der Fabriken zu der offenen Handelsgesellschaft fort und es stand in deren Belieben, ob sie diese aufrecht erhalten wollten oder nicht. Im Geschäftsleben besteht aber ebensowenig wie in Rechtsprechung und Rechtslehre ein Streit darüber, daß bloße Beziehungen zu Abnehmern oder Lieferern, die den Anschluß von Verträgen in der Zukunft ermöglichen oder erleichtern, ohne daß feste rechtliche Bindungen bestehen, dem inneren oder ideellen Geschäftswert eines Unternehmens zuzuzählen sind. Insoweit war die Bestimmung des Gesellschaftsvertrags eindeutig klar, und anders konnten auch die Parteien den Sinn nicht auffassen. Der Kläger mußte jedenfalls seine Vertragserklärung in dem Sinne gegen sich gelten lassen, in dem sie der Beklagte nach Treu und Glauben und nach der allgemeinen Auffassung des Verkehrs verstehen mußte. Die Beziehungen zu Lieferern und Kunden haben nur einen Wert für das lebendige Unternehmen; für die Feststellung des Einzelwertes oder des Gesamtwertes der zu dem Unternehmen gehörigen toten Wirtschaftsgüter, in welcher der innere Geschäftswert nicht in die Erscheinung tritt, sind sie bedeutungslos. (II, 11. September 1941.) Amtl. Sammlg. S. 260—265.

33. Ehescheidung. Ausschluß. (EheG. § 49.) Die Parteien hatten am 10. Oktober 1934 die Ehe geschlossen. Aus dieser waren zwei Kinder hervorgegangen, von denen das ältere im Jahr 1937, das jüngere im Oktober 1939 geboren wurde. Seit April 1939 lebten die Ehegatten getrennt. Die Scheidungsklage begründete der Mann damit, daß die Beklagte von vornherein kein Verständnis für seine beruflichen Aufgaben gehabt, ihn vielmehr durch ihr Verhalten in seiner Stellung gefährdet habe; der tiefste Grund für die allmähliche völlige Entfremdung sei aber das üble Verhalten der Beklagten zu seinem Sohne aus erster Ehe gewesen, den sie mit Abneigung und Haß verfolgt, in Gegenwart der Hausangestellten mit Schimpfworten bedacht, unzureichend verpflegt und auch sonst vernachlässigt habe. Die Beklagte trat diesem Vorbringen entgegen und behauptete, der Kläger habe ihr durch seine Parteinahme für seinen Sohn, der sich gegen sie frech und widersetzlich benommen habe, jedes Ansehen entzogen. Das Landgericht schied die Ehe und erklärte die Beklagte für allein schuldig. Das Berufungsgericht schied die Ehe auf Klage und Widerklage und erklärte beide Parteien für schuldig mit der Maßgabe, daß die Schuld der Beklagten überwiege. Das Reichsgericht verwies auf die Revision der Beklagten die Sache zurück. Das Berufungsgericht hatte zunächst dargelegt, daß die Ehe der Parteien restlos zerrüttet sei und daß beide Ehegatten sich schwerer Eheverfehlungen schuldig gemacht hätten. Die Vorschrift des § 49 EheG., daß ein Ehegatte, der selbst eine Verfehlung begangen hat, die Scheidung nicht begehren kann, wenn nach der Art seiner Verfehlung, insbesondere wegen des Zusammenhangs der Verfehlung des anderen Ehegatten mit seinem eigenen Verschulden sein Scheidungsbegehren bei richtiger Würdigung des Wesens der Ehe sittlich nicht gerechtfertigt ist, hatte das Berufungsgericht deshalb nicht für anwendbar erachtet, weil auf beiden Seiten Verfehlungen vorlägen, die nicht in Zusammenhang miteinander gebracht werden könnten. Das Reichsgericht erklärte, daß ein solcher Zusammenhang nicht zu bestehen brauche. Voraussetzung des Ausschlusses der Scheidung ist nur, daß der klagende Ehegatte sich selbst eine Eheverfehlung hat zuschulden kommen lassen und daß nach Art dieser Verfehlung sein Scheidungsverlangen sittlich nicht gerechtfertigt erscheint. Ein Zusammenhang der Verfehlungen beider Ehegatten ist vom Gesetz, wie dessen Fassung zeigt, nur als ein Fall, und zwar als hauptsächlichster und wichtigster, aber keineswegs als alleiniger Fall des möglichen Ausschlusses des Scheidungsrechts gedacht. Auch Tatbestände, bei denen ein äußerer oder innerer Zusammenhang nicht besteht, fallen unter die Vorschrift. So kann unter Umständen schon die unverhältnismäßig größere Schwere der Verfehlung des klagenden Ehegatten gegenüber der des beklagten seinem Scheidungsrecht die sittliche Berechtigung nehmen. Maßgebend ist dabei allein die auf Grund der gesamten Umstände zu beurteilende sittliche Berechtigung des Scheidungsverlangens vom Standpunkt einer richtigen, d. h. nach allgemeingültigen sittlichen und völkischen Gesichtspunkten ausgerichteten Würdigung des Wesens der Ehe. Im vorliegenden Falle standen zudem die beiderseitigen Hauptverfehlungen, die das Verhalten beider Teile zu dem ersteheliche Sohne des Klägers betrafen, in engem Zusammenhang miteinander. Auch die Ausführung des Berufungsgerichts, daß den Parteien das Scheidungsrecht zustehen müsse, um einem unhaltbaren Zustande ein Ende zu machen, und weil ihre Ehe doch keinen Wert mehr für die Volksgemeinschaft besitze, unterlag rechtlichen Bedenken. Unhaltbare Zustände in einer Ehe sind noch kein Grund, das Scheidungsverlangen eines Teils als sittlich berechtigt erscheinen zu lassen. Richtig ist allerdings, daß zu prüfen ist, ob die Ehe einen Wert für die Volksgemeinschaft darstellt; wenn das verneint werden muß, kann es gerechtfertigt sein, den aus dem sonstigen Sachverhalt sich ergebenden Gründen für eine mangelnde sittliche Berechtigung des Scheidungsverlangens geringere Bedeutung beizumessen. Worauf aber das Berufungsgericht seine Feststellung stützte, daß die Ehe der Parteien für die Volksgemeinschaft keinen Wert mehr besitze, war nicht ersichtlich. Der Umstand allein, daß infolge tiefgehender Zerrüttung der Ehe die Wiederherstellung einer ihrem Wesen entsprechenden Lebensgemeinschaft der Parteien auf beiden Seiten nicht mehr erwartet werden kann, vermag eine dahingehende Schlußfolgerung um so weniger zu rechtfertigen, als das Vorhandensein der beiden kleinen Kinder und die sich daraus für die Ehegatten ergebenden Aufgaben gerade vom Standpunkt der Volksgemeinschaft unter Umständen wesentlich für die Aufrechterhaltung der Ehe ins Gewicht fallen konnten. (IV, 17. September 1941.)

Amtl. Sammlg. S. 265—269.

Vgl. Bd. 164 S. 152.

34. Ehelichkeitsanfechtung. Gutachten. (BGB. §§ 1591ff.; ZPO. § 286.) In einer am 19. März 1938 geschlossenen Ehe kam am 19. Juni 1938 ein Kind zur Welt. Der Ehemann focht die Ehelichkeit des Kindes an mit der Begründung, daß er mit dessen Mutter zuletzt am 16. August 1937, also vor Beginn der vom 21. August bis zum 20. Dezember 1937 laufenden Empfängniszeit, geschlechtlich verkehrt habe. Das Berufungsgericht wies die Klage ab. Das Reichsgericht verwies die Sache zurück. Die Aussage der Mutter der Beklagten, daß sie nach ihrem Verkehr mit dem Kläger mit keinem anderen Manne Geschlechtsverkehr gehabt habe, hatte das Berufungsgericht für glaubhaft erachtet. Bei dieser Sachlage oblag der Beklagten der Beweis, daß im gegebenen Falle die Schwangerschaft länger als 302 Tage gedauert hatte. Die Blutgruppenuntersuchung hatte den Kläger nicht als Vater der Beklagten ausgeschlossen. In dem erbbiologischen Gutachten war allerdings ausgeführt, daß die erbbiologischen Verhältnisse insgesamt mit überwiegender, fast an Sicherheit grenzender Wahrscheinlichkeit dafür sprächen, daß der Kläger die Beklagte nicht gezeugt habe. Das Berufungsgericht hatte dem gegenüber darauf Wert gelegt, daß die Mutter der Beklagten nach einem von ihr vorgelegten ärztlichen Zeugnis an Gebärmutterverlagerung litt, und hatte es als möglich, wenn nicht sogar glaubhaft angesehen, daß wegen dieses Leidens die Empfängnis erst geraume Zeit nach dem Geschlechtsverkehr eintrat. Infolge der hienach angenommenen Verlängerung der Empfängniszeit hatte es die in der Ehe geborene Beklagte als eheliches Kind des Klägers angesehen und von diesem den Nachweis verlangt, daß deren Abstammung von ihm den Umständen nach offenbar unmöglich sei. Dafür hatte es das erbbiologische Gutachten nicht als ausreichend anerkannt. Das Reichsgericht erklärte diese Bewertung des Gutachtens für rechtsirrig. Der Ansicht, daß ein erbbiologisches Gutachten den Beweis der offenbaren Unmöglichkeit nur dann erbringen könne, wenn es die Frage nach der Vaterschaft mit Sicherheit oder mit an Sicherheit grenzender Wahrscheinlichkeit verneine, ist das Reichsgericht schon wiederholt entgegengetreten; es genügt auch ein geringerer Grad von Wahrscheinlichkeit, zumal nach Ansicht der erbbiologischen Sachverständigen sich nur äußerst selten eine an Sicherheit grenzende Wahrscheinlichkeit feststellen läßt. Rechtlich bedenklich war es auch, wenn das Berufungsgericht seine Entscheidung auf eine von der des Gutachters abweichende Gesamtbeurteilung der Untersuchungsergebnisse gründete. Zwar ist das Gericht an ein Sachverständigengutachten nicht gebunden; es muß aber gerade auf diesem erst in jüngster Zeit erschlossenem Gebiet, das selbst von der Mehrzahl der Ärzte nicht beherrscht wird, immer berücksichtigen, daß ihm unmittelbare Sachkunde fehlt, und dieser Mangel an Sachkunde muß es ausschließen, daß es das Gutachten nicht nur verwirft, sondern die eigene Beurteilung, sei sie auch geschöpft aus den einzelnen Untersuchungsergebnissen des Gutachtens, an die Stelle jener des Gutachtens setzt. Damit begab sich das Berufungsgericht auf ein Gebiet, das dem Sachverständigen vorbehalten bleiben mußte; es übernahm auf diese Weise eine Verantwortung, die zu tragen es nicht in der Lage war. Wenn es dem Gutachten nicht folgen zu können glaubte, hatte es dem Gutachter seine Bedenken mitzuteilen und ihn zu einer ergänzenden Stellungnahme zu veranlassen; nötigenfalls war ein anderer Sachverständiger zu hören. (IV, 24. September 1941.)

Amtl. Sammlg. S. 269—274.

35. Ehescheidung ehemaliger polnischer Staatsangehöriger. (EGzBGB. Art. 17, 29; Erlasse vom 8. und 12. Oktober 1939; EheG. § 49; ZPO. §§ 549, 563.) Ein in Wolhynien geborener Russe kam im ersten Weltkrieg als Kriegsgefangener nach Deutschland und blieb dort auch nach Beendigung des Krieges. Im Jahr 1927 heiratete er eine Deutsche. Das Gebiet, in dem der Mann geboren war, kam nach dem Krieg zu Polen;

er erwarb zufolge der zwischen den Ententemächten und Polen geschlossenen Verträge und zufolge der polnischen Gesetze die polnische Staatsangehörigkeit. Diese ging ihm auch nach dem Rigaer Friedensvertrag vom 15. März 1921 nicht verloren, da er von seinem Optionsrecht für Rußland keinen Gebrauch machte und von seiten der polnischen Behörden keine Aberkennung erfolgte. Durch die Eheschließung wurde auch die Frau Polin. Im November 1938 klagte die Frau auf Scheidung der Ehe mit der Behauptung, daß der Beklagte sie wiederholt schwer mißhandelt habe. Das Landgericht wies die Klage ab. Im Berufungsverfahren verlangte der Beklagte unter Erhebung einer Widerklage Scheidung der Ehe wegen Ehebruch der Klägerin. Das Berufungsgericht schied die Ehe auf die Klage, wies die Widerklage ab und erklärte beide Parteien für schuldig. Die Revision des Beklagten wurde zurückgewiesen. Die Klägerin hatte während des Rechtsstreits die deutsche Staatsangehörigkeit wieder erworben. Der Beklagte war durch den Untergang des früheren polnischen Staates staatenlos geworden. Er gehörte dem deutschen Volkstum nicht an, hatte auch keine Beziehungen zu den im Generalgouvernement vereinigten Gebietsteilen. Durch die am 1. November 1939 vollzogene Eingliederung der ostpolnischen Gebiete in die Sowjetunion erlangte der Beklagte die russische Staatsangehörigkeit nicht. Als Zeitpunkt, in dem der Beklagte staatenlos wurde, war der 26. Oktober 1939 anzusehen. An diesem Tage traten die Führererlasse über Gliederung und Verwaltung der Ostgebiete vom 12. Oktober 1939 und über die Verwaltung der besetzten polnischen Gebiete in Kraft, die aus dem militärischen und politischen Zerfall des polnischen Staates die Folgerungen zogen. Die Mißhandlungen, die der Beklagte der Klägerin zugefügt hatte und auf die sich die Klage stützte, fielen alle in die vorhergehende Zeit. Hienach hatte das Berufungsgericht angenommen, daß für die Scheidung der Ehe die deutschen Gesetze maßgebend seien, daß aber Tatsachen, die sich ereignet hatten, als der Beklagte noch die polnische Staatsangehörigkeit besaß, als Scheidungsgrund nur geltend gemacht werden könnten, wenn sie auch nach den zur Zeit der Klageerhebung geltenden polnischen Gesetzen ein Scheidungsgrund gewesen wären. Als solche kamen die Vorschriften der orthodoxen Kirche in Betracht, nach denen wegen schwerer Mißhandlungen Scheidung möglich ist. Die Revision vertrat dem gegenüber die Auffassung, daß für die Scheidung die Gesetze des Staates maßgebend seien, dem der

Ehemann zur Zeit der Erhebung der Klage angehörte, also die der polnischen Gesetze. Das Reichsgericht ließ diese Frage unentschieden, da die vom Berufungsgericht getroffene Entscheidung vom Boden beider Auffassungen aus zutreffend war. Dem Tatrichter ist es zwar grundsätzlich verwehrt, unentschieden zu lassen, ob deutsches oder ausländisches Recht maßgebend ist, weil dann das Revisionsgericht nicht zu ermessen vermag, ob und inwieweit es das Berufungsurteil nachzuprüfen hat. Für das Revisionsgericht besteht dieser Hinderungsgrund nicht. Selbst wenn eine Gesetzesverletzung feststeht, ist die Revision zurückzuweisen, falls die Partei durch das Urteil nicht beschwert ist, weil die Entscheidung trotz der Gesetzesverletzung im Ergebnis zutrifft. (IV, 17. September 1941.)

Amtl. Sammlg. S. 274—281.

36. Reichsleistungsgesetz. Rechtsweg. (GVG. § 13; RLeistG. §§ 3b, 26, 27; BGB. §§ 535, 812.) Am 28. August 1939 wurde von einer Militärkraftfahrzeugbeschaffungskommission bei H. ein Lastkraftwagen beschlagnahmt und K. zugewiesen. Auf Verlangen der Kommission wurde zwischen H. und K. ein Mietvertrag abgeschlossen, wonach sich K. verpflichtete, täglich 45 RM. als Mietpreis zu zahlen; er fügte seiner Unterschrift den Zusatz bei: „Wir schließen den Mietvertrag unter allem Vorbehalt ab, da wir uns in einer Zwangslage befinden.“ K. hatte das Fahrzeug vom 28. August 1939 bis zum 2. Februar 1940 in Besitz. H. berechnete für 133 Tage je 45 RM. = 5985 RM.; er behauptete weiter, daß eine Ausbesserung, die auf etwa 1000 RM. geschätzt werde, erforderlich sei. Seine Klage auf Zahlung des verlangten Betrags und Ersatz allen durch die unpflegliche Behandlung des Wagens entstandenen Schadens drang durch. Der Beklagte hatte sich auf Unzulässigkeit des Rechtswegs berufen, außerdem die unter Zwang abgegebene Erklärung angefochten. Die Frage, ob der Rechtsweg offenstand, hing vor allem davon ab, ob es sich um einen bürgerlichen Rechtsstreit handelte. Bürgerliche Rechtsstreitigkeiten betreffen Verhältnisse, in denen sich die Parteien als Einzelpersonen gleichberechtigt gegenüberstehen, im Gegensatz zu den öffentlich-rechtlichen Verhältnissen, wo der Staat oder ein anderer Hoheitsträger kraft seines Hoheitsrechts in den Rechtsbereich einer Person eingreift. Maßgebend für die Beurteilung ist das tatsächliche Klagevorbringen, aus dem sich Wesen und Zweck des Klagantrags ergibt. Im vorliegenden Falle gründete sich die Klage auf einen Mietvertrag. Die Rechtsbeziehungen aus einem solchen Vertrag sind regelmäßig bürgerlichrechtlicher Natur. Hier bestand jedoch die Besonderheit, daß der Vertrag unter obrigkeitlicher Einwirkung und Mitwirkung auf Grund des Reichsleistungsgesetzes abgeschlossen wurde. Nach § 3b Nr. 1 RLeistG. können die hiefür bestimmten Bedarfsstellen zur Deckung besonderer wirtschaftlicher Bedürfnisse von Leistungspflichtigen, die Inhaber eines gewerblichen, landwirtschaftlichen oder forstwirtschaftlichen Betriebes oder eines Verkehrsunternehmens sind, verlangen, daß sie über bewegliche Sachen und über Rechte, deren Eigentümer, Besitzer oder Inhaber sie sind, bestimmte Rechtsgeschäfte abschließen. Es fragt sich, ob derartige Rechtsgeschäfte, zu deren Abschluß die Parteien durch obrigkeitliche Anordnung gezwungen werden, noch die Natur bürgerlichrechtlicher Verträge haben. Die Frage ist zu bejahen. Zum Abschluß des Vertrags wird der Leistungspflichtige allerdings auf Grund seines im öffentlichen Recht begründeten Unterwerfungsverhältnisses gegenüber der anfordernden Bedarfsstelle veranlaßt; ist aber der Vertrag geschlossen, so bestimmt sich das Verhältnis des Leistungspflichtigen zu dem Vertragsgegner lediglich nach bürgerlichrechtlichen Grundsätzen. So hatte auch der unter der Herrschaft des Wohnungsmangelgesetzes zustande gekommene Zwangsmietvertrag das Wesen eines echten bürgerlichrechtlichen Mietvertrags. Gegen die Annahme eines bürgerlichrechtlichen Vertrags sprach im vorliegenden Falle auch nicht die darin enthaltene Bestimmung, daß nach Beendigung des Mietverhältnisses der Vermieter das Fahrzeug zurückzunehmen und dem zuständigen Fahrbereitschaftsleiter zur Verfügung zu stellen habe; diese Bestimmung beruhte darauf, daß die Beschlagnahme des Fahrzeugs bestehen blieb. Der Rechtsweg war demgemäß zulässig, wenn nicht durch eine besondere Bestimmung die Zuständigkeit von Verwaltungsbehörden oder Verwaltungsgerichten begründet war. Durch § 27 RLeistG. ist das Verfahren, in dem ein Anspruch auf Vergütung oder Entschädigung für in Anspruch genommene Leistung geltend zu machen ist, besonders geregelt. Die Vorschrift hat aber nur die Fälle im Auge, in denen ein öffentlich-rechtlicher Anspruch auf Grund des § 26 erhoben wird. Der Kläger stützte seinen Anspruch nicht auf diese Vorschrift, sondern auf den mit dem Beklagten abgeschlossenen Mietvertrag; die Vorschrift sieht ausdrücklich vor, daß ein Anspruch auf ihrer Grundlage nicht besteht, soweit der Leistungspflichtige auf Grund anderer Rechtsbeziehungen einen Anspruch auf Entschädigung hat. Allerdings ist dem Leistungspflichtigen das Recht eingeräumt, bei Säumnis des Dritten, für den die Bedarfsstelle die Leistung in Anspruch genommen hat, den Vergütungs- oder Entschädigungsbetrag unmittelbar von der Bedarfsstelle zu verlangen, wenn der Betrag unter Beteiligung der Bedarfsstelle mit dem Dritten vereinbart oder festgelegt worden ist. Ob hiefür der ordentliche Rechtsweg offen stünde, war nicht zu entscheiden, da ein solcher Anspruch nicht erhoben worden war. Das Berufungsgericht hatte angenommen, daß im Falle der Nichtigkeit des Mietvertrags der Kläger seinen Anspruch aus ungerechtfertigter Bereicherung ebenfalls im ordentlichen Rechtsweg geltend machen könne. Dieser Auffassung trat das Reichsgericht nicht bei. Der Beklagte hatte das Fahrzeug in einem solchen Falle nicht ohne Rechtsgrund gebraucht; dieser war vielmehr in der Überweisung durch die Militärbehörde zu erblicken. Der Kläger war hienach auf die Geltendmachung eines Anspruchs aus § 26 RLeistG. angewiesen, für den der ordentliche Rechtsweg ausgeschlossen ist. (V, 2. Oktober 1941.) Amtl. Sammlg. S. 281—288.

37. Abstammung. Feststellungsklage. (ZPO. §§ 256, 640.) Ein im Jahr 1900 von einer Jüdin unehelich geborener Mann klagte gegen seine Mutter auf Feststellung, daß er von einem gewissen, in der Zwischenzeit verstorbenen Mann abstamme. Die Klage hatte keinen Erfolg. Die Beklagte hatte gegen ihre Zulässigkeit nichts eingewendet, auch beantragt, dem Verlangen des Klägers stattzugeben, da sie nur mit diesem einen Manne Geschlechtsverkehr gehabt habe. Ob ein Kind blutmäßig von einem Manne abstammt, bildet den Inhalt eines Rechtsverhältnisses zwischen dem Kind und dem Mann, allenfalls auch der Sippe des Mannes, also seinen Blutsverwandten, niemals aber zwischen dem Kind und seiner Mutter. Die Klage gegen die Mutter ist unbedingt ausgeschlossen; ihre Zustimmung zu deren Durchführung kann daran nichts ändern. Zwischen dem Abstammungsverhältnis und dem Eltern- und Kindesverhältnis besteht ein wesentlicher Unterschied. Das Eltern- und Kindesverhältnis beruht in seinem Dasein zwar auch auf den natürlichen Vorgängen der Zeugung und der Geburt, entnimmt aber seine Bedeutung ganz überwiegend aus der Rechtsordnung. Es besteht zwischen dem Kinde und den beiden Eltern, wobei die Eltern untereinander durch das andere Rechtsverhältnis der Ehe verbunden sind oder waren. Hier sind Vater und Mutter in dem Sinn eine Einheit, daß das Eltern- und Kindesverhältnis gegen beide festgestellt werden kann, daher auch nach dem Weg-

fall eines Elternteils die Feststellung gegen den anderen möglich und sinnvoll bleibt. Ganz anders liegt es bei der blutmäßigen Abstammung. Ist sie auch als Rechtsverhältnis im Sinn eines Gegenstandes der Feststellungsklage zu betrachten, so beruht dieses Rechtsverhältnis doch nicht auf den Tatsachen der Zeugung und der Geburt, sondern ganz allein auf der Zeugung oder der Geburt. Die Zeugung kann das Abstammungsverhältnis nur zwischen dem Kind und einem Mann, die Geburt nur zwischen dem Kind und einer Frau vermitteln. Demgemäß kann daraus, daß die Klage auf Feststellung des Kindesverhältnisses nach dem Tod eines Ehegatten gegen den anderen fortgesetzt werden kann, nicht gefolgert werden, daß nach dem Tode des unehelichen Vaters gegen die uneheliche Mutter auf Feststellung der Abstammung von diesem Mann geklagt werden kann. (IV, 24. September 1941.) Amtl. Sammlg. S. 289—292.
Vgl. Bd. 163 S. 100.

38. Einspruch. Berufung. (ZPO. §§ 342, 515, 522, 542.) Eine Klage wurde zum Teil abgewiesen. Gegen das Urteil legte der Kläger Berufung ein; die Beklagten schlossen sich der Berufung an. Im Verhandlungstermin erschien der Kläger nicht. Die Beklagten beantragten Zurückweisung der Berufung und Abweisung der Klage. Das Berufungsgericht gab dem Antrage statt. Gegen das Versäumnisurteil legte der Kläger Einspruch ein. In der Einspruchsschrift erklärte er, gegen die Zurückweisung seiner Berufung wolle er nichts einwenden, wohl aber dagegen, daß auf die Anschlußberufung der Beklagten hin die Klage ganz abgewiesen worden sei. In einem nachfolgenden Schriftsatz nahm er seine Berufung zurück. Das Berufungsgericht hob das Versäumnisurteil auf, erklärte den Kläger des Rechtsmittels der Berufung für verlustig und verwarf die Anschlußberufung der Beklagten als unzulässig. Die Revision der Beklagten hatte keinen Erfolg. Durch den Einspruch des Klägers gegen das Versäumnisurteil wurde der Rechtsstreit in die Lage zurückversetzt, in der er sich vor dem Eintritt der Versäumnis befand. Wenn der Kläger in dem Termin erschienen wäre, hätte er seine Berufung ohne Zustimmung der Beklagten mit der Wirkung zurücknehmen können, daß damit ihre Anschlußberufung unwirksam geworden wäre. Demzufolge konnte er das auch in dem neuen Termin tun. Der Umstand, daß die Beklagten in dem ersten Termin mündlich verhandelt hatten, war nicht zu beachten; diese Verhandlung hatte erst nach Eintritt der Säumnis stattgefunden, und die Wirkung des

Verhandelns war durch den Einspruch wieder beseitigt worden. Hieran änderte auch der Umstand nichts, daß der Kläger in seinem Einspruchsschriftsatz erklärt hatte, gegen die Zurückweisung seiner Berufung wolle er nichts einwenden. Die Ausführung der Beklagten, daß dadurch das Versäumnisurteil, soweit es sich um die Zurückweisung der Berufung des Klägers gehandelt habe, rechtskräftig geworden wäre, traf nicht zu. Der Einspruch ist kein Rechtsmittel, das die sachliche Richtigkeit der im Versäumnisurteil enthaltenen Entscheidung bekämpft, sondern ein der Beseitigung der Versäumnisfolgen dienender Rechtsbehelf. Die Wirkung des Einspruchs — Zurückversetzung des Rechtsstreits in die frühere Lage — tritt ohne Rücksicht auf den Umfang der von dem Säumigen angekündigten Sachanträge ein; sie findet stets in vollem Umfang statt. (VI, 30. September 1941.) Amtl. Sammlg. S. 293—296.

39. Verlassenschaft. Gläubigeranfechtung. (ÖstABGB. § 802.) Gegen einen Nachlaß wurde eine Forderung von rund 25000 čK geltend gemacht. Der Nachlaß bestand im wesentlichen aus einem Hausgrundstück, das über seinen Wert hinaus mit bücherlichen Schulden belastet war. In zwei Rechtszügen wurde die Klage mit Rücksicht auf die Überschuldung des Nachlasses abgewiesen. Das Reichsgericht hob die früheren Urteile auf und verurteilte den Beklagten zur Zahlung nach Kräften der Verlassenschaft bei Vermeidung der Zwangsvollstreckung in das Grundstück. Der Kläger hatte schon im ersten Rechtszug hervorgehoben, daß er gegen den Beklagten eine Anfechtungsklage erheben wolle und daß ein anderer Gläubiger des Nachlasses die Einverleibung von Pfandrechten in der Höhe von 150000 čK zugunsten des Beklagten wegen Gläubigerbenachteiligung angefochten und ein obsiegendes Urteil erzielt habe. Damit hatte der Kläger hinlänglich dargetan, daß die von ihm beabsichtigte Anfechtungsklage gegen den Beklagten Aussicht auf Erfolg bot. Das Berufungsgericht hatte die Klage auch aus dem Grunde abgewiesen, weil aus dem Klagebegehren nicht hervorging, zu welchem Bruchteil der Beklagte im Falle des Erfolges der Anfechtungsklage verpflichtet sein solle, die Klageforderung zu erfüllen. Das war unrichtig. Die Pfandrechte, die der Kläger anzufechten beabsichtigte, überstiegen seine Forderung so sehr, daß bei einem Erfolge der Anfechtungsklage ihre volle Befriedigung zu erwarten war, wenn die Pfandrechte vollwertig waren. Ob das zutraf, konnte sich erst bei der Zwangsversteigerung des Grundstücks herausstellen. Unter diesen Umständen ließ sich die Frage, in welcher Höhe die Forderung des Klägers aus dem Nachlaß zu befriedigen war, nicht im Rechtsstreit lösen, sondern mußte der Zwangsvollstreckung überlassen werden. Die Belange des Erben waren genügend dadurch berücksichtigt, daß im Urteil der Gegenstand bestimmt wurde, auf den sich die Zwangsvollstreckung zu beschränken hatte. (VIII, 1. Oktober 1941.) Amtl. Sammlg. S. 296—298.

40. Erbengemeinschaft. Vorkaufsrecht. Ablösungsrecht. (BGB. §§ 504, 1249, 1273, 2034.) Ein Nachlaß fiel an drei Brüder. Der dritte Bruder übertrug seinen Anteil an den zweiten. Dieser hatte zur Zahlung des Kaufpreises von einer Bank 15000 RM. entlehnt und ihr dafür eine vollstreckbare Schuldurkunde ausgestellt, ihr auch seinen Erbanteil sowie den des dritten Bruders verpfändet. Der erste Bruder zahlte an die Bank deren Forderung und erhielt von ihr die Schuldurkunde ausgehändigt. Mit seiner Klage erstrebte er die Feststellung, daß er zufolge Tilgung der Bankschuld Gläubiger der Bankforderung geworden sei und das Pfandrecht der Bank an den Erbanteilen des Beklagten erlangt habe. In allen Rechtszügen wurde die Klage abgewiesen. Dem Kläger stand an dem Pfandgegenstande kein Recht zu, das er durch die Veräußerung des Pfandes verlieren konnte. Er hatte als Miterbe nur ein Mitgliedschaftsrecht an der Erbengemeinschaft, aber kein Recht an den Anteilen der anderen Miterben. Das Vorkaufsrecht, das einem Miterben für den Fall des Verkaufs des Anteils eines anderen Miterben an einen Dritten zukommt, ist als ein solches Recht nicht anzusehen; es begründet nur eine Anwartschaft auf den Eintritt des Berechtigten in ein Verpflichtungsgeschäft des anderen Miterben. Zu einem dinglichen Recht an dem Erbteil wurde dieses Recht auch nicht dadurch, daß ihm eine Art dingliche Wirkung gegen die Erwerber des Erbteils zukam (§§ 2035, 2037 BGB.). Ein Ablösungsrecht des Klägers kam also nicht in Frage. Im letzten Rechtszug hatte der Kläger noch behauptet, die Bank habe bei seiner Zahlung ihre Forderung mit dem daran haftenden Pfandrecht an ihn abgetreten. Dafür fehlte der Beweis. Daraus, daß die Bank die Zahlung entgegennahm und die Schuldurkunde an den Kläger herausgab, konnte noch nicht entnommen werden, daß sie ihm die Forderung abtreten wollte. Die Zahlung war nur eine Erfüllungshandlung und hatte das Erlöschen des Schuldverhältnisses zur Folge, nicht aber den Übergang der Forderung samt Nebenrechten auf den Kläger. (VII, 3. Oktober 1941.) Amtl. Sammlg. S. 298—301.

41. Ehescheidung. Zerrüttung. Häusliche Gemeinschaft. (EheG. §§ 49, 55, 56.) Ein Bauer, der mit seiner Frau in Unfrieden lebte, zog sich in zwei Zimmer seines Hauses zurück; diese schloß er ab und gewährte niemand den Eintritt. Seine Frau hielt im übrigen die Wohnung in Ordnung, arbeitete auch im Stall und in der Landwirtschaft. Ehelicher Verkehr hatte seit vielen Jahren nicht mehr stattgefunden. Auf Grund des § 55 EheG. klagte er auf Scheidung. Das Landgericht gab der Klage statt. Beide Parteien legten Berufung ein. Im zweiten Rechtszug stützte der Kläger sein Scheidungsverlangen in erster Reihe auf § 49 EheG.; er behauptete, die Beklagte habe sich in den letzten Jahren landwirtschaftliche Erzeugnisse aus dem Hofe widerrechtlich angeeignet und verkauft. Hilfsweise hielt er die Klage aus § 55 EheG. aufrecht. Die Beklagte beantragte in erster Reihe Abweisung der Klage, hilfsweise Schuldigerklärung des Klägers. Das Berufungsgericht wies die Berufung des Klägers zurück und die Klage ab. Das Reichsgericht verwies die Sache zurück. Da das Urteil des Landgerichts dem Antrag des Klägers entsprochen hatte, konnte er dagegen keine selbständige Berufung einlegen; seine Berufung wurde aber, nachdem auch die Frau Berufung eingelegt hatte, als Anschlußberufung behandelt, die eine Beschwer nicht voraussetzt. Das Berufungsgericht hatte die Entwendungen, auf die der Kläger im zweiten Rechtszug seine Klage gestützt hatte, als nachgewiesen erachtet, aber angenommen, daß sie keine ehezerrüttende Wirkung geäußert hätten, da die Ehe ohnehin schon zerrüttet war. Das Reichsgericht erklärte, daß seine frühere Rechtsprechung, die darauf hinauslief, eine Ehe könne niemals so zerrüttet sein, daß weitere Verfehlungen sie nicht noch mehr zerrütten könnten, heute keinen Anspruch auf Beachtung mehr erheben könne. Ob die Zerrüttung so weit fortgeschritten ist, daß eine weitere Vertiefung nicht mehr möglich erscheint, ist eine nach den Umständen des einzelnen Falles zu entscheidende, im wesentlichen auf tatsächlichem Gebiet liegende Frage. Für die Beurteilung, ob ein Ehegatte trotz völliger Zerrüttung der Ehe Verfehlungen des anderen Ehegatten noch als ehezerrüttend empfindet, kann die Schwere und vor allem auch die Art der Verfehlung eine Rolle spielen; besonders kann es ins Gewicht fallen, wenn die Verfehlung den schuldigen Teil nicht nur in seiner Eigenschaft als Gatten, sondern auch als Menschen schwer belastet und wenn sein Verhalten nach außen in Erscheinung tritt und dem Ansehen des anderen Ehegatten schadet. Hier stand ein Verhalten in Frage, das geeignet war, den Kläger in der Öffentlichkeit bloßzustellen, und das darüber hinaus ein Einschreiten der Standesaufsicht oder des Anerbengerichts zur Folge haben konnte. Diese Gesichtspunkte hatte das Berufungsgericht nicht berücksichtigt. Die Beklagte hatte sich darauf berufen, daß der Kläger ihr in den letzten Jahren außer der Gewährung von Wohnung, Kartoffeln und Brot nichts für ihren Unterhalt geleistet und daß sie sich demzufolge in einem Notstand befunden habe, wenn sie sich Erzeugnisse des Hofes aneignete. Das Berufungsgericht hatte diesem Vorbringen Glauben geschenkt. Das Reichsgericht bemerkte dazu, daß auch die vom Kläger angebotenen Beweise, die gegen die Annahme eines Notstandes sprachen, hätten erhoben werden müssen. Die auf § 55 EheG. gestützte Klage hatte das Berufungsgericht für unbegründet erklärt, weil die häusliche Gemeinschaft der Parteien nicht aufgehoben gewesen sei. Auch diese Auffassung fand das Reichsgericht für nicht genügend begründet. Die Betätigung der Frau im landwirtschaftlichen Betriebe des Klägers stand der Annahme einer Aufhebung der häuslichen Gemeinschaft nicht entgegen, ebensowenig Dienste, die nicht dem Manne, sondern ausschließlich den Kindern zugute kamen. Daß die Beklagte die Wäsche des Klägers seit Jahren nicht mehr gewaschen habe, hatte dieser unter Beweis gestellt. Welche sonstigen häuslichen Arbeiten die Beklagte für ihn noch verrichtet oder inwiefern sonst eine Gemeinschaft der Parteien in der Häuslichkeit noch bestanden hätte, war aus den Ausführungen des Berufungsgerichts nicht zu erkennen. Sie reichten daher nicht aus, eine Nachprüfung zu ermöglichen, ob die Aufhebung der häuslichen Gemeinschaft mit Recht als unbewiesen angesehen worden war. (IV, 22. Oktober 1941.)

Amtl. Sammlg. S. 301—305.

Vgl. Bd. 160 S. 107; Bd. 164 S. 187.

42. Schiffahrtsgericht. Zuständigkeitsvereinbarung. (RG. vom 30. Januar 1937 über das Verfahren in Binnenschiffahrtssachen §§ 1, 2, 4; 1. DurchfVO. Art. 4 § 1; 4. DurchfVO. Art. 1, 3; ZPO. §§ 38, 39, 40.) Eine Ladung Weizen, die in einem Kahne von Rotterdam rheinaufwärts geschleppt wurde, kam zu Schaden, indem Wasser in den Kahn eindrang. Der Eigentümer der Ladung klagte gegen die Gesellschaft, die den Transport übernommen hatte, auf Schadenersatz; die Klage war in erster Reihe auf Vertragsverletzung gestützt. Das Amtsgericht gab ihr statt. Vor dem Berufungsgericht behauptete die beklagte Gesellschaft die Unzuständigkeit des Schiffahrtsgerichts. Die Berufung wurde zurückgewiesen. Die Revision führte zur Aufhebung des Urteils,

Der Einwand der Unzuständigkeit des Schiffahrtsgerichts war unbegründet. Die Schiffahrtsgerichte sind keine Sondergerichte, sondern die ordentlichen Gerichte, die sich lediglich für die Verhandlung und Entscheidung von Binnenschiffahrtssachen als Schiffahrtsgerichte zu bezeichnen haben. Da es sich beim Anspruch des Klägers um eine vermögensrechtliche Angelegenheit handelte, für die kein ausschließlicher Gerichtsstand, auch nicht die ausschließliche Zuständigkeit des Landgerichts bestimmt war und die Beklagte im ersten Rechtsgang vor dem Amtsgericht vorbehaltlos zur Hauptsache mündlich verhandelt hatte, mußte die Zuständigkeit dieses Gerichts als vereinbart gelten. Die Gründe, aus denen die Entscheidung aufgehoben wurde, sind nicht veröffentlicht. (I, 12. September 1941.)

Amtl. Sammlg. S. 306—308.

43. Vaterschaft. Abstammung. (ÖstABGB. §§ 163, 166, 1042, 1295.) Durch ein Urteil aus dem Jahre 1926 wurde ein Mann als Vater eines unehelichen Kindes festgestellt und zur Leistung von Unterhalt verurteilt, obwohl er einen geschlechtlichen Verkehr mit der Mutter des Kindes während der Empfängniszeit bestritten hatte. Das Urteil erlangte die Rechtskraft. Im Jahr 1941 erhob er gegen einen anderen Mann Klage auf Schadenersatz mit der Begründung, daß dieser in Wirklichkeit der Vater des Kindes sei; dieses sehe ihm so ähnlich, daß durch Anwendung der erbbiologischen Untersuchungen in Verbindung mit der Blutgruppenprüfung der Beweis der Zeugung durch ihn erbracht werden könne. Der Beklagte bestritt, mit der Kindsmutter geschlechtlichen Verkehr gehabt zu haben. Die Klage wurde in allen Rechtszügen abgewiesen. Dem Kläger war nicht verwehrt, gegenüber der gegen ihn erhobenen Klage den Beweis anzutreten, daß er nicht der Vater des Kindes sein könne. Einen solchen Beweis hatte er nicht angetreten; durch das Urteil wurde seine Verpflichtung zur Leistung des Unterhalts endgültig festgestellt. Durch die Feststellung des Familienstandes ist allerdings eine davon abweichende andere blutmäßige Abstammung des Kindes nicht ausgeschlossen; allein auch eine solche Feststellung vermag an dem festgestellten Familienstand und den sich daraus ergebenden Folgen nichts zu ändern. Die Klage lief darauf hinaus, das gegen den Kläger erlassene Urteil unwirksam zu machen; das war aber nach der Versäumung aller ihm von der Rechtsordnung gewährten Verteidigungs- und Rechtsmittel nicht möglich. Der Kläger hatte nur seine eigene Zahlungspflicht erfüllt, wenn er dem Kinde die ihm auferlegten

Leistungen gewährte. Der Kläger hatte einen Schadenersatzanspruch gegen den Beklagten daraus abzuleiten gesucht daß dieser mit der Kindsmutter geschlechtlich verkehrt, sich aber um die Folgen dieses Verkehrs nicht gekümmert habe. Von der Unterlassung einer Verpflichtung, sich um die Folgen eines Geschlechtsverkehrs zu kümmern, könnte aber erst dann gesprochen werden, wenn dem Beklagten überhaupt zur Kenntnis gekommen wäre, daß ein mit ihm gepflogener Geschlechtsverkehr nicht ohne Folgen geblieben sei. Solange das nicht geschehen war, konnte auch keine sittliche Verpflichtung zu einem bestimmten Handeln entstehen, das davon abhängig war, daß der Beklagte bei gewissenhafter Prüfung zu der Einsicht kommen mußte, daß die eingetretenen Folgen tatsächlich auf einen mit ihm gepflogenen Geschlechtsverkehr zurückzuführen waren. Bei einem Mehrverkehr, bei dem in der Regel die Zeugung des Kindes durch einen bestimmten Mann schwer feststellbar ist, könnte von einer sittlichen Verpflichtung, sich als Vater zu bekennen, und dem Kinde den Unterhalt zu leisten, nur dann gesprochen werden, wenn sichere Anzeichen für die Vaterschaft eines bestimmten Mannes vorliegen. Nichts derartiges war im gegebenen Falle behauptet worden. Ein Verschulden des Beklagten war hienach nur möglich, wenn er die Kindsmutter zu einer bewußt unrichtigen Angabe über ihren Geschlechtsverkehr verleitet hätte; auch dafür lag kein Anhalt vor. (VIII, 29. Oktober 1941.)

Amtl. Sammlg. S. 308—312.

44. Wasserverband. Rechtsweg. (GVG. § 13; 1. WasserVerbVO. vom 3. September 1937 §§ 26, 27, 133, 137.) Zu einer Wassermühle gehörte ein Stauteich, durch den ein Bach hindurchfloß. Dem Eigentümer der Mühle wurde im Jahre 1925 durch die zuständige Behörde das Recht sichergestellt, den Bach innerhalb des Stauteichs bis zu einer gewissen Höhe anzustauen. Nachdem dieses Recht im Wasserbuch eingetragen war, wurde der Lauf des Baches durch eine Genossenschaft reguliert; die Arbeit war im Jahre 1933 beendet. Der Eigentümer der Mühle gehörte der Genossenschaft als Mitglied an. Im Jahre 1940 behauptete er, sein Stauteich sei im Laufe der Zeit so stark verkrautet und versandet, daß die Staumöglichkeit auf die Hälfte herabgemindert worden sei. Er verlangte von der Genossenschaft die Wiederherstellung des ursprünglichen Zustandes und Schadenersatz. Die Genossenschaft berief sich auf die Unzulässigkeit des Rechtswegs. Hierüber wurde besonders verhandelt und entschieden. Das Reichsgericht erklärte den Rechtsweg für unzulässig. Die Beklagte war ein unter die Wasserverbandsverordnung vom 3. September 1937 fallender Wasserverband. Der Kläger war deren Mitglied. Der angebliche Eingriff, auf den sich die Klage stützte, fiel zeitlich unter die Herrschaft der Wasserverbandsverordnung, da er sich seit etwa 1939 bemerkbar machte. Nach § 26 WassVerbVO. kann jedes Mitglied von dem Verband angemessene Entschädigung für den Nachteil verlangen, der durch die Benutzung seines Grundstücks für das Unternehmen entsteht; nach § 27 entscheiden hierüber der Verbandsvorstand und eine besonders gebildete Spruchstelle unter Ausschluß des Rechtswegs. Für die Beurteilung der Zulässigkeit des Rechtswegs ist grundsätzlich das tatsächliche Vorbringen des Klägers maßgebend. Es kommt nicht darauf an, ob der Rechtsweg nach der vom Kläger aufgestellten Rechtsansicht und nach den von ihm herangezogenen Gesetzesvorschriften zulässig ist, sondern darauf, ob dies nach dem Wesen des Klageanspruchs der Fall ist, wie er aus der Klagebegründung entnommen werden muß, wenn die vom Kläger vorgebrachten tatsächlichen Behauptungen als richtig unterstellt werden. Ob die aufgestellten tatsächlichen Behauptungen den erhobenen Anspruch zu rechtfertigen vermögen oder doch wenigstens eine Möglichkeit hierfür ersehen lassen, ist im allgemeinen unwesentlich; vielmehr kommt es hierauf grundsätzlich erst bei der später einsetzenden sachlichen Prüfung des Klageanspruchs an. Nur für das Gebiet der Staatshaftung hat die Rechtsprechung das Erfordernis aufgestellt, daß die tatsächlichen Behauptungen wenigstens die Möglichkeit einer Verantwortlichkeit des Staats erkennen lassen; diese Abweichung von der Regel war geboten, um Versuchen entgegenzutreten, die Frage der Rechtmäßigkeit von Verwaltungshandlungen unter dem Deckmantel schuldhafter Amtspflichtverletzung zur Entscheidung der ordentlichen Gerichte zu bringen. Demgemäß kam es in vorliegenden Falle nicht darauf an, ob dem Kläger als einem Mitglied der Beklagten ein vor die ordentlichen Gerichte gehörender Entschädigungs- oder Unterlassumgsanspruch zustehen könne, wenn ihm Nachteile aus der planmäßigen Durchführung des ordnungsmäßig geplanten Verbandsunternehmens erwuchsen; damit würde die Zulassung des Rechtswegs unrichtigerweise von der sachlichrechtlichen Schlüssigkeit der aufgestellten Anspruchsbehauptung abhängig gemacht und deren Prüfung unzulässig vorweggenommen. Gegenwärtig war nur darüber zu entscheiden, ob ein Anspruch, wie ihn der Kläger begründete, seinem Wesen nach eine bürgerliche Rechtsstreitigkeit darstellte und ob für ihn weder Verwaltungsbehörden oder Verwaltungsgerichte zuständig noch besondere Gerichte bestellt oder zugelassen waren. Das tatsächliche Vorbringen des Klägers ging dahin, daß durch die Regulierung des Bachs, möglicherweise infolge mangelhafter Ausführung, bewirkt worden sei, daß dem Stauteich jetzt größere Sandmassen als früher zugeführt wurden, daß dadurch Versandung und Verkrautung des Teiches eingetreten sei und daß infolgedessen der Aufstau nicht mehr in dem Umfange wie früher vorgenommen werden könne. Daraus ergab sich ohne weiteres, daß nicht ein Eingriff der Beklagten in das Staurecht des Klägers in Frage kam. Das Staurecht war die Befugnis, das Wasser des Bachs durch ein Schleusenwehr in seinem natürlichen Ablauf aufzuhalten und es dadurch anzusammeln, bis der Wasserspiegel eine gewisse Grenze erreichte. Dabei handelte es sich um ein Sonderrecht des Klägers am Wasserlauf, vielleicht auch an den oberliegenden Ländereien, wenn solche durch den Anstau überflutet wurden. Das Staurecht umfaßte aber kein Recht darauf, daß ein bestimmter Zufluß stattfinde und daß ein Wasservorrat bestimmter Mengen angesammelt werde. Wenn der Teich verkrautet und versandet war, mochte damit dessen Eignung für die Ansammlung von Wasservorrat herabgemindert sein. Das war aber kein Eingriff in das Staurecht; vielmehr bedeutete die Zuführung von Sand in den Mühlenteich einen Eingriff in das Teichgrundstück des Klägers. Die Zulässigkeit des Rechtswegs ließ sich daher nicht, wie es das Landgericht getan hatte, damit rechtfertigen, daß nach der Behauptung des Klägers ein ihm zustehendes Sonderrecht beeinträchtigt worden sei und daß die Wasserverbandsverordnung für die daraus hervorgehenden Ansprüche kein besonderes Entschädigungsverfahren vorsehe. Es mochte zweifelhaft sein, ob eine ungewollte Einwirkung auf ein zum Verband gehöriges Grundstück als eine Benutzung des Grundstücks für die Durchführung des Unternehmens anzusehen war. Wenn das zutraf, war für den Anspruch des Klägers der Rechtsweg ausgeschlossen. Falls für eine Einwirkung dieser Art keine Entschädigung aus § 26 WasserVerbVO. in Betracht kam, waren zwei Möglichkeiten gegeben: entweder handelte es sich um einen nach allgemeinen Bestimmungen zu leistenden Ersatz, sei es aus dem Gesichtspunkt unerlaubter Handlung, sei es als Folge eines Aufopferungsanspruchs, weil die Einwirkung zum Nutzen der Allgemeinheit geduldet werden mußte; oder es war überhaupt ein Ersatzanspruch ausgeschlossen, weil die Ersatzpflicht des Verbandes für sein Einwirken auf Verbandsgrundstücke im § 26 WasserVerbVO. abschließend geregelt ist. Mochte man die sachliche Rechtslage für den Entschädigungsanspruch so oder so auffassen, jedenfalls ergab sich aus der Verordnung, daß für den Anspruch der Rechtsweg vor den ordentlichen Gerichten ausgeschlossen sein sollte, da die Regelung der Rechtsbeziehungen von Verbandsmitgliedern zum Verband dem Beschwerdeverfahren vor den Spruchstellen zugewiesen ist. § 133 WassVerbVO. besagt das zwar nicht allgemein, aber für bestimmte Streitgegenstände, nämlich für die Mitgliedschaft, die Benutzungsentschädigung und für Beiträge; nur ein Streit um Enteignungsentschädigung ist ausgenommen (§ 33 WassVerbVO.). Aus dieser Aufzählung ist als Wille und Inhalt des Gesetzes zu entnehmen, daß die Lösung von Streitigkeiten im Verhältnis zwischen Verband und Verbandsmitglied lediglich dem Spruchstellen-Beschwerdeverfahren überlassen sein soll, soweit nicht, wie für die Enteignung, eine bestimmte Ausnahme gemacht ist. Der Spruchstelle kommt hienach auch die Entscheidung über die Frage zu, ob eine bestimmte Einwirkung vom Unternehmen auf ein Verbandsgrundstück als Benutzung im Sinne des § 22 VO. anzusehen ist, sowie über die im Falle der Verneinung weiter auftretende Frage, ob für eine solche Einwirkung aus allgemeinen Rechtsgründen eine Entschädigung gefordert werden kann. Die Zusammengehörigkeit dieser Fragen zwingt zu der Annahme, daß die Entscheidung in ihrer Gesamtheit von einer und derselben Stelle, nämlich von der durch die Verordnung eingesetzten Spruchstelle, erfolgen muß. (V, 30. Oktober 1941.)

Amtl. Sammlg. S. 312—319.

Vgl. Bd. 146 S. 244; Bd. 153 S. 1; Bd. 154 S. 144

45. Abstammung. Zuständigkeit. (Öst.ABGB. § 163; Öst. JN. §§ 28, 50, 100; 4. DurchfVOEheG. § 21.) Die Klage auf Bestehen oder Nichtbestehen der blutmäßigen Abstammung ist eine Standesklage, die der Klage auf Bestreitung der ehelichen Geburt gleichzusetzen ist. Sie ist also gegen einen Verteidiger der blutmäßigen Abstammung zu richten, der alles zu unternehmen hat, was zur Erforschung des wahren Sachverhalts erforderlich ist. Zuständig für sie ist das Landgericht des allgemeinen Gerichtsstandes des Klägers. (VIII, 26. November 1941.)

Amtl. Sammlg. S. 319—320.

46. Abtretung des Streitanspruchs. (ÖstZPO. § 234; ZPO. § 265.) Die eingeklagte Forderung war während des ersten Rechtsgangs abgetreten worden; die Abtretung hatte aber, obwohl auf sie hingewiesen worden war, im Rechtsstreit keine Beachtung gefunden. Im Revisionsverfahren beantragte der Beklagte die Abweisung der Klage, weil dem Kläger infolge der Abtretung die Klagebefugnis fehle. Das Reichsgericht verwies die Sache zurück. Die Vorschriften des österreichischen Rechts (Öst. ZPO. § 234) lauten für diesen Fall nahezu wörtlich gleich denen das deutschen Rechts (ZPO. § 265). Hienach hat die Abtretung einer eingeklagten Forderung auf den Rechtsstreit keinen Einfluß; der Rechtsnachfolger ist nicht berechtigt, ohne Zustimmung des Gegners als Hauptpartei in den Prozeß einzutreten. Die Rechtsprechung hat aber die Vorschrift in Österreich und im Altreich verschieden ausgelegt. Während in Österreich die Abtretung völlig unbeachtet bleibt, das Urteil auf den ursprünglichen Kläger zu lauten hat, verlangt die deutsche Rechtsprechung, daß in einem solchen Falle der Kläger seinen Antrag entsprechend abändere und Leistung nicht mehr an sich, sondern an den Rechtsnachfolger begehre, damit das Urteil der wahren Sachlage gerecht wird. Kommt der Kläger dem nicht nach, so ist auf Verlangen des Beklagten die Klage abzuweisen. Aber auch nach dem Recht des Altreichs wird der Übernehmer der Forderung aus einem dem abgeänderten Klageantrag stattgebenden Urteil nicht unmittelbar berechtigt; die Rechtsnachfolge muß vielmehr bei Gericht offenkundig sein oder durch öffentliche oder öffentlich beglaubigte Urkunden nachgewiesen werden. Das gleiche gilt auch für das österreichische Recht. Um die mißliche Folge zu vermeiden, daß ein und dasselbe höchste Gericht zwei gleichlautende Gesetze je nach dem jeweiligen Anwendungsgebiet verschieden auslegt, erklärte das Reichsgericht es für zweckmäßig, die Auslegung des Altreichs auch auf Österreich auszudehnen. Zum Zweck der entsprechenden Abänderung wurde die Sache an das Gericht des ersten Rechtsgangs zurückverwiesen. Dieses hatte aufzuklären, ob nicht etwa der Übernehmer der Forderung, dem ja die Führung des Rechtsstreits durch den Kläger bekannt war, diesen ausdrücklich oder stillschweigend ermächtigte, den Rechtsstreit im eigenen Namen, wenn auch auf Rechnung des Übernehmers fortzuführen, und ob nicht auf diese Weise die Forderung in beschränktem Umfang zur Einziehung zurückabgetreten worden war; in diesem Falle wäre eine Umstellung des Klageantrags nicht veranlaßt gewesen. Auf die im Revisionsverfahren beantragte Umstellung des Klagebegehrens konnte nicht eingegangen werden, weil darin eine im Revisionsverfahren nicht zulässige Klageänderung nach

österreichischem Recht zu finden gewesen wäre. (II, 8. November 1941.) Amtl. Sammlg. S. 321—325.
Vgl. Bd. 56 S. 307; Bd. 88 S. 7; Bd. 155 S. 51; JW. 1916 S. 887.

47. Eisenbahnunfall. Betriebsgefahr. Verdunkelung. Mitverschulden. (RHaftPflG. § 1; BGB. § 254.) Ein alter Mann kam im November 1939 während der Dunkelheit beim Aussteigen aus der Straßenbahn zu Fall und verletzte sich so schwer, daß er starb. Seine Witwe und Erbin klagte gegen die Aktiengesellschaft, welche die Straßenbahn betrieb, auf Schadenersatz. Ihr Anspruch drang zur Hälfte durch. Für den in ihrem Betriebe geschehenen Unglücksfall haftete die Beklagte bis zur höheren Gewalt. Als solche war die infolge des Kriegszustandes vorgeschriebene allgemeine Verdunkelung nicht anzusehen, weil es sich um einen die Allgemeinheit treffenden Dauerzustand handelte, auf den sich auch die Straßenbahn einstellen mußte. Allerdings stellt die Verdunkelung auch an den Fahrgast erhöhte Anforderungen der Sorgfalt, damit er nicht zu Schaden komme. Der Verunglückte hatte die Vorschrift, daß beim Absteigen die linke Hand an den linken Griff zu legen sei, nicht beachtet. Das Berufungsgericht hatte ihm zugute gehalten, daß dies nicht aus grobem Leichtsinn als vielmehr aus Ungeschicklichkeit und falscher Beurteilung der Gefahrenlage geschehen sei, aber anderseits betont, daß der Verunglückte gerade bei seinem hohen Alter besonderen Anlaß zu größter Vorsicht gehabt hätte. Damit war der Sachverhalt richtig gewürdigt. (VI, 18. November 1941.) Amtl. Sammlg. S. 325—328.

48. Rechnungslegung. Zwangsvollstreckung. Rechtskraft. Offenbarungseid. Feststellungsklage. (ZPO. §§ 256, 322, 888; BGB. §§ 259, 260.) In einem gerichtlichen Vergleich verpflichtete sich der Beklagte, dem Kläger über eine Grundstücksverwaltung Rechnung zu legen. Da die erteilte Abrechnung dem Kläger nicht genügte, beantragte er gemäß §§ 888 ZPO., den Beklagten zur Erfüllung seiner Verpflichtung durch Androhung einer Geldstrafe anzuhalten. Das Landgericht drohte dem Beklagten eine Geldstrafe von 1000 RM. an, falls er nicht bis zu einem bestimmten Tage die nach dem Vergleich geschuldete Abrechnung erstatte. Der Beklagte ergänzte daraufhin die Abrechnung in verschiedenen Punkten. Der Kläger war auch hiemit nicht zufrieden und beantragte, die angedrohte Geldstrafe festzusetzen und dem Beklagten neuerdings eine Geld- oder Haftstrafe zur Erzwingung der geschuldeten Abrechnung anzudrohen. Das Landgericht lehnte beide Anträge ab; die dagegen eingelegte Beschwerde des Klägers wurde zurückgewiesen mit der Begründung, daß der Beklagte eine Abrechnung erteilt habe und daß darum für ein Verfahren nach § 888 ZPO. kein Raum sei, möge auch der Kläger die Richtigkeit und Vollständigkeit der Abrechnung bemängeln. In der nunmehr erhobenen Klage beantragte der Kläger die Feststellung, daß der Beklagte durch die von ihm bisher vorgelegten Abrechnungen seiner Verpflichtung aus dem Vergleich noch nicht nachgekommen sei; hilfsweise beantragte er, den Beklagten zur Leistung des Offenbarungseides zu verurteilen, daß er in seinen bisherigen Abrechnungen nach bestem Wissen die Einnahmen einer Kasse, die er während seiner Verwaltungszeit geführt hatte, so vollständig angegeben habe, als er dazu imstande sei. Das Landgericht wies die Klage ab, weil die Rechtskraft der in dem Verfahren nach § 888 ZPO. erlassenen Beschlüsse eine Nachprüfung der Ordnungsmäßigkeit der Abrechnung ausschließe. Das Berufungsgericht gab dem Feststellungsantrage statt; zu dem Hilfsantrag nahm es keine Stellung mit der Begründung, daß hiefür erst Raum sei, wenn der Beklagte die Gesamtabrechnung erteilt habe und Grund zu der Annahme bestehe, daß sie nicht mit der erforderlichen Sorgfalt aufgestellt sei. Das Reichsgericht hob das Urteil des Berufungsgerichts auf, wies die Feststellungsklage ab und verwies hinsichtlich des Hilfsantrags die Sache an das Berufungsgericht zurück. Nachdem der Beklagte Rechnung gelegt hatte, konnte der ursprüngliche Antrag des Klägers nur dahin verstanden werden, daß der Schuldner im Wege der Zwangsvollstreckung angehalten werden solle, über das hinaus, was er schon getan hatte, noch etwas zu leisten, nämlich die Rechnung vollständiger und besser zu legen als bisher. Gegenüber einem solchen Antrag hatte das Vollstreckungsgericht (als welches hier das Prozeßgericht des ersten Rechtszuges tätig wurde) zu prüfen, ob der Gläubiger nach dem Schuldtitel berechtigt war, ein solches Verhalten des Schuldners zu erzwingen. Wenn das zu verneinen war, ergab sich daraus die Abweisung des Antrags. Das Landgericht hatte die vom Beklagten gestellte Abrechnung als ausreichende Erfüllung der Vertragspflicht erachtet; das Oberlandesgericht hatte die hiegegen eingelegte Beschwerde zurückgewiesen. Damit hatten die Beschlüsse des Landgerichts die förmliche Rechtskraft erlangt. Sie waren auch sachlich rechtskräftig. Die sachliche Rechtskraft kann auch Beschlüssen zukommen, soweit sie eine zur Rechtskraft geeignete Entscheidung enthalten. Schon die Tatsache, daß die Entscheidung nicht dem Vollstreckungsgericht, sondern dem Prozeßgericht zugewiesen ist, läßt erkennen, daß mehr an eine gerichtliche Entscheidung des schon bisher mit der Sache befaßt gewesenen Gerichts als an die bloße Vollstreckungsmaßregel eines Vollstreckungsorgans gedacht ist. Auch nach dem Inhalt der Entscheidung kann nicht bezweifelt werden, daß sie der sachlichen Rechtskraft fähig ist. Durch sie stand zwischen den Parteien in einer jede inhaltlich abweichende Entscheidung hindernden Weise fest, daß der Kläger nicht berechtigt war, das, was er über die Rechnungslegung hinaus verlangte, vom Beklagten zu erzwingen, daß der Beklagte also nicht mehr im Wege der Zwangsvollstreckung angehalten werden konnte, etwas über das zu leisten, was er schon geleistet hatte. Dieser Bereich der Rechtskraft stand der beantragten Feststellung entgegen. Eine solche Feststellung wäre auch ein Schlag ins Leere; aus ihr könnte nichts hergeleitet werden. Für das Begehren, eine solche Feststellung zu treffen, fehlte deshalb nicht bloß das besondere Feststellungsinteresse, sondern sogar die von Amts wegen zu prüfende allgemeine Voraussetzung jeder Klage, das Rechtsschutzbedürfnis; denn ein Bedürfnis zur Bekämpfung rechtskräftiger Entscheidungen kann nur nach Maßgabe der hiefür vorgesehenen besonderen Verfahrensbestimmungen anerkannt werden. Die Annahme des Berufungsgerichts, im Verfahren nach § 888 ZPO. hätten die Gerichte nur geprüft, ob überhaupt eine Abrechnung vorlag, nicht aber, ob sie dem Vergleich genügte, enthielt die Unterstellung, daß die Gerichte ihrer Aufgabe nicht bewußt gewesen seien. Auch wenn das zutraf, würde das nichts ändern, so wenig die Annahme, daß eine rechtskräftige Entscheidung unrichtig sei, an ihrer Rechtskraft etwas ändern kann. Wenn sich erst nachträglich herausstellte, daß die Abrechnung zum Teil unrichtig oder unvollständig war, mochte dahinstehen, ob eine solche Sachlage geeignet war, einen neuen Antrag nach § 888 ZPO. zu rechtfertigen; jedenfalls würde eine in einem anderen Verfahren getroffene Feststellung keinesfalls für den Vollstreckungsrichter bindend sein. Besteht Streit darüber, ob ein Rechnungsposten in die Rechnung einzustellen ist, so kann dieser nur durch eine (vielleicht auch auf die Auskunft gerichtete) Leistungsklage oder durch eine Feststellungsklage wegen der Rechtsgrundlagen der einzelnen Posten, nicht aber im Verfahren nach § 888 ZPO. oder gar im Wege einer besonderen Feststellungsklage über die Nichterfüllung der Pflicht zur Rechnungslegung ausgetragen werden. Die vom Beklagten gelegte Rechnung genügte aber als Grundlage für die Entscheidung über die Pflicht des Beklagten zur Leistung des Offenbarungseides. Diese Entscheidung war nunmehr zu treffen. (VIII, 10. Oktober 1941.)

Amtl. Sammlg. S. 328—339.

Vgl. Bd. 21 S. 377; Bd. 23 S. 364; Bd. 27 S. 382, 402; Bd. 37 S. 140, 406; Bd. 70 S. 401; Bd. 123 S. 72; JW. 1933 S. 184.

49. Patentrecht. Vorbenutzung. Offenkundigkeit. (PatG. §§ 2, 6, 47.) Ein Fabrikant stellte Etuis für Brillen aus Kunsthorn, Zelluloid und ähnlichen Werkstoffen her, bei denen die einzelnen Schalenteile einschließlich der Scharnierhaltungen und Versteifungsleisten aus einem Stück gebogen waren. Zur Herstellung der einzelnen Teile benutzte er seit 1930 besondere Preßformen, die geheimgehalten wurden. Mit Wirkung vom 9. Januar 1935 wurde ihm ein am 19. August 1937 veröffentlichtes Patent erteilt, das eine Preßform zum Herstellen schalenähnlicher Etuiteile aus Zelluloid zum Gegenstand hatte. Ein anderer Fabrikant stellte seit 1936 Etuiteile aus Zelluloid her, die denen des Patentinhabers sehr ähnlich waren. Die dafür benutzten Preßformen hatte er von einem Fabrikanten erworben, für den sie ein früherer Ingenieur des Patentinhabers (L.) im Jahre 1932 hergestellt hatte. Der Patentinhaber klagte gegen den anderen Fabrikanten auf Unterlassung, Auskunfterteilung und Feststellung der Schadenersatzpflicht. Der Beklagte berief sich darauf, daß die von ihm benutzten Preßformen vor der Anmeldung des Patents offenkundig vorbenutzt gewesen seien; L. habe in der Zeit von 1931 bis 1933 solche Preßformen an verschiedene Fabrikanten geliefert. Der Kläger bestritt das Vorliegen einer offenkundigen Vorbenutzung, weil L. unter Bruch einer Geheimhaltungspflicht gehandelt habe. Das Kammergericht wies die Klage ab; es nahm an, daß der Bruch der Geheimhaltungspflicht, der L. zur Last falle, die Offenkundigkeit der Vorbenutzung nicht in Frage stellen könne. Das Reichsgericht hob das Urteil des Kammergerichts auf, gab zum Teil der Klage statt und verwies im übrigen die Sache zurück. In der Patentschrift waren drei Preßformen angeführt; zwei davon hatte das Kammergericht für offenkundig vorbenutzt angesehen. Daraus hatte es ohne nähere Begründung gefolgert, der Schutzbereich des Patents könne sich auf die angegriffenen Formen, die mit den vorbenutzten übereinstimmen, nicht erstrecken. Das erklärte das Reichsgericht für unhaltbar. Es handelte sich um den Fall des vollkommen oder fast vollkommen vorweggenommenen Patents. Innerhalb des Widerstreits zwischen der Achtung vor dem erteilten Schutzrecht und seiner nachträglich aufgedeckten Patentunwürdigkeit läßt es sich zwar rechtfertigen, den Schutz auf die im Patent enthaltene Lehre zum technischen Handeln in ihrer engsten Form zu beschränken; immerhin muß aber, wenn man nicht zu einem rein zufälligen und nur den Schein eines Rechts übriglassenden Ergebnis kommen will, diese Lehre selbst noch geschützt bleiben und nicht nur eine ihrer beispielsmäßigen Veranschaulichungen, die mehr oder minder zufällig aus einer vielleicht großen Zahl von möglichen Verwirklichungen herausgegriffen ist. Der Gegenstand der Erfindung des ersten Beispiels war in vollem Umfang vorweggenommen; das konnte aber nicht dazu führen, den Schutz für den Patentanspruch noch unter seinen Erfindungsgegenstand herunter einzuschränken. Hienach stand die gegenständliche Patentverletzung insoweit auf jeden Fall fest und war insoweit der Unterlassungsanspruch begründet; für die Ansprüche auf Auskunfterteilung und Schadenersatz bedurfte die Frage des Verschuldens noch erneuter tatrichterlicher Prüfung. Hinsichtlich der beiden anderen Beispiele war Schutz für einen allgemeinen Erfindungsgedanken begehrt. Hier kam in Frage, ob dieser Gedanke neu, fortschrittlich oder erfinderisch war. Das war er nicht, wenn die Formen offenkundig vorbenutzt waren. Hier kam es entscheidend darauf an, ob der Bruch der Geheimhaltungspflicht, dessen sich L. bei der Weitergabe der Formen schuldig gemacht hatte, die Offenkundigkeit der Vorbenutzung ausschloß. Die Frage war nur dann klarzustellen, wenn man die Personenkreise genau schied, zwischen denen jeweils die Vorbenutzungshandlungen sich abspielten und die zur Geheimhaltung verpflichtenden Bindungen bestanden. Zu unterscheiden sind Vorbenutzungshandlungen zwischen Erfinder oder Erfindungsbesitzer und Geheimhaltungspflichtigen, Vorbenutzungshandlungen zwischen Geheimhaltungspflichtigen und Dritten und Vorbenutzungshandlungen dieser Dritten. Wenn der Erfinder oder Erfindungsbesitzer die Erfindung Geheimhaltungspflichtigen preisgibt, ist das regelmäßig keine offenkundige Vorbenutzung. Nach der bisher überwiegenden Rechtsprechung wurde die Vorbenutzung auch dann nicht offenkundig, wenn der zur Geheimhaltung Verpflichtete die Erfindung in irgendeiner Weise preisgab („Bruch der Geheimhaltungspflicht hindert Offenkundigkeit"). Diese Auffassung hielt das Reichsgericht nicht mehr fest. Sie läßt sich nicht folgerichtig durchführen, ohne die Verkehrssicherheit in einem nicht zu rechtfertigenden Grade zu gefährden. Für den Fall der druckschriftlichen Veröffentlichung der Erfin-

dung ist das schon bisher angenommen worden. Durch die neuen, mit Rückwirkung ausgestatteten Vorschriften des § 2 PatG. und § 1 GebrMG., denen zufolge eine Beschreibung oder Benutzung der Erfindung innerhalb von 6 Monaten vor der Anmeldung außer Betracht bleibt, wenn sie auf der Erfindung des Anmelders oder seines Rechtsvorgängers beruht, hat sich die bisherige Rechtslage geändert. Die neuheitsschädliche offenkundige Vorbenutzung wird nun nicht mehr nur nach der gegenständlichen Erkennbarkeit der Vorbenutzungshandlung, sondern auch, wenigstens für die letzten 6 Monate vor der Anmeldung, danach beurteilt, ob der Erfindungsbesitz des Vorbenutzers auf der Erfindung des Anmelders oder seines Rechtsvorgängers beruht. Dafür wird in Kauf genommen, daß der Verkehr nunmehr im Einzelfall weniger leicht bestimmen kann, ob eine schädliche Vorbenutzung vorliegt. Die neuen Vorschriften sind auch geeignet, die Entwicklung in erwünschter Weise dahin zu drängen, daß fertige Erfindungen vor der Anmeldung nicht erst übermäßig lange geheimgehalten werden. Allerdings treffen diese Erwägungen für Patente nicht zu, die vor dem 1. Oktober 1936 angemeldet worden sind. Diese sind zwar durch die Rückwirkung der Vorschriften innerhalb der Sechsmonatsfrist vor der Anmeldung ebenfalls gegenständlich gegen Geheimnisverrat geschützt; die Anmelder wußten aber seinerzeit nichts von dem Bestehen einer solchen Schutzfrist und hatten darum keinen Anlaß, gerade deswegen die Anmeldung zu beschleunigen. Doch reicht dieser Unterschied nach der Auffassung des Reichsgerichts nicht aus, eine verschiedenartige Behandlung der Fälle zu veranlassen. (I, 7. Oktober 1941.) Amtl. Sammlg. S. 339—357.
Vgl. Bd. 101 S. 38; Bd. 122 S. 243; Bd. 140 S. 366; Bd. 150 S. 95; Bd. 157 S. 154.

50. Vorfahrt. Überholen, Vorbeifahren. Gefälligkeitsfahrt. (StrVerkO. §§ 8, 10, 13, 48; BGB. §§ 831, 839; Weim.-Verf. Art. 131; RHaftG. § 1.) Eine Frau, die in einem ihr gehörigen und von ihr selbst gesteuerten Kraftwagen eine Fahrt machte, nahm eine andere Frau auf deren Bitte mit. Die Fahrt ging erst durch eine Allee, von dort bog sie nach rechts in eine als Damm bezeichnete Straße ein. Auf dieser, die eine 6 m breite Fahrbahn hatte, hielt auf der gegenüberliegenden Straßenseite ein 2,35 m breiter Omnibus, der sich auf der Fahrt in entgegengesetzter Richtung befand. Ein Wagen der Wehrmacht, der hinter dem Omnibus in den Damm eingebogen war, wollte an diesem vorbeifahren; in der Höhe des Omnibus stießen die beiden Wagen zusammen und die in dem einen Wagen mitfahrende Frau wurde verletzt. Sie klagte gegen das Deutsche Reich und gegen die Frau, die sie auf ihre Bitte mitgenommen hatte, auf Schadenersatz. Das Landgericht erklärte den Anspruch gegen das Deutsche Reich dem Grunde nach für gerechtfertigt und wies die Klage gegen die Zweitbeklagte ab. Das Berufungsgericht änderte das Urteil dahin ab, daß es das Deutsche Reich zur Zahlung der Heilungskosten verurteilte, den Anspruch auf Schmerzensgeld dem Grunde nach für berechtigt erklärte und die Sache zur Verhandlung über die Höhe des Schmerzensgeldes an das Landgericht zurückverwies, endlich feststellte, daß das Deutsche Reich verpflichtet sei, der Klägerin allen weiteren Schaden zu ersetzen, und zwar auf Grund des Kraftfahrzeuggesetzes bis zum Betrage von 24274,71 RM., auf Grund der Amtspflichtverletzung unbeschränkt. Hiegegen legte das Deutsche Reich Revision ein, und zwar für sich gegenüber der Klägerin und zugleich als Streithelfer der Klägerin gegenüber der Zweitbeklagten; es beantragte, die Klage in der Richtung gegen das Reich abzuweisen und die Zweitbeklagte nach dem Antrag der Klägerin zu verurteilen. Das Reichsgericht verwies die Sache zurück. Nach § 13 StrVerkO. hatte der auf dem Damm fahrende Wagen der Wehrmacht gegenüber dem aus der Allee kommenden Wagen der Zweitbeklagten das Vorfahrtrecht. Dieses Recht erstreckte sich auf die ganze Straße, nicht nur auf deren rechte Seite; der Vorfahrtberechtigte verliert sein Vorrecht auch nicht durch Außerachtlassen irgendwelcher Verkehrsvorschriften; einen Übergang der Vorfahrt von dem Berechtigten auf den Wartepflichtigen gibt es nicht. Die Zweitbeklagte mußte so vorsichtig an die Einmündung heranfahren, daß sie die Vorfahrt jedes Verkehrsteilnehmers, der auf der anderen Straße, gleichviel, auf welchem ihrer Teile, von rechts kam, unbedingt achten konnte. Daran wurde auch dadurch nichts geändert, daß sie selbst nach rechts einbiegen wollte; sie durfte sich nicht ohne weiteres darauf verlassen, daß die entgegenkommenden Fahrzeuge ihr die für sie rechte Seite freilassen würden. Wenn sie die andere Straßenseite nicht überblicken konnte, mußte sie langsam und vorsichtig an die Einmündung heranfahren und durfte erst einbiegen, wenn sie sich durch einen Blick um die zu umfahrende Ecke herum davon überzeugt hatte, daß die rechte Seite der Fahrbahn für sie frei war. Der Vorfahrtberechtigte muß zwar wie jeder andere Verkehrsteilnehmer die Vorschrift beachten, wonach die Führer von Fahrzeugen, soweit nicht besondere Gründe entgegenstehen, auf der rechten Seite der Fahrbahn zu fahren haben und die linke Seite nur zum Überholen benutzen dürfen, sowie die weitere Vorschrift, daß an unübersichtlichen Straßenstellen das Überholen verboten ist. Aber diese Bestimmungen trafen den vorliegenden Fall nicht. Unter einem Überholen ist ein von hinten Vorbeifahren an einem in gleicher Richtung sich auf derselben Straße bewegenden Verkehrsteilnehmer zu verstehen. Als in Bewegung befindlich im Sinne der Straßenverkehrsordnung ist auch ein Fahrzeug anzusehen, das seine Bewegung nur kurz unterbrochen hat, ohne die einem sich bewegenden Fahrzeug entsprechende Stellung auf der Fahrbahn aufzugeben; diese Ausnahme trifft aber nicht zu auf einen Omnibus, der an einer Haltestelle verweilt, um dort Fahrgäste aus- und einsteigen zu lassen. Das Vorbeifahren an dem Omnibus war also nicht als Überholen zu betrachten. Auch für das Vorbeifahren gilt die Vorschrift, daß die linke Seite der Straße dazu nur benutzt werden darf, wenn besondere Umstände der Benutzung der rechten Seite entgegenstehen. Die Bestimmung darf nicht kleinlich, sie muß verständig und ihrem Sinne entsprechend ausgelegt und angewendet werden. Wo die Abweichung von der Regel des Rechtsfahrens vernünftig ist, will das Gesetz sie nicht hindern. Als besondere Umstände, die eine Abweichung von der Regel gestatten, müssen vor allem Hindernisse auf der rechten Seite der Fahrbahn, unter ihnen besonders haltende Fahrzeuge aller Art, angesehen werden. Bei der Vorbeifahrt hatte der Wehrmachtwagen immerhin die Grundregel für das Verhalten im Straßenverkehr zu beachten, wonach jeder Teilnehmer am öffentlichen Straßenverkehr sich so zu verhalten hat, daß der Verkehr nicht gefährdet werden kann, daß auch kein anderer Verkehrsteilnehmer mehr als nach den Umständen unvermeidbar behindert oder belästigt wird. Diese Grundregel verbot es, an dem haltenden Omnibus und der kurz hinter ihm auf der linken Seite folgenden Straßeneinmündung mit übergroßer Geschwindigkeit vorbeizufahren. Auf die Vorschrift, daß die Wehrmacht von den Vorschriften der Straßenverkehrsordnung befreit ist, soweit die Erfüllung ihrer hoheitlichen Aufgaben es erfordert, konnte sich das Deutsche Reich im vorliegenden Falle nicht berufen, da es in den früheren Rechtsgängen keine Tatsache behauptet hatte, die eine solche Ausnahme hätte stützen können; die früheren Ausführungen waren vielmehr dahin gegangen, daß der Wagen nur eine Geschwindigkeit von 30 Stundenkilometern gehabt habe. Da der Wehrmachtfahrer das Vorfahrtrecht hatte, durfte er damit rechnen, daß ihm gegenüber wartepflichtige Verkehrsteilnehmer dieses Recht beachten würden; zu erhöhter Vorsicht und Abwehrmaßnahmen war er erst verpflichtet, wenn das Verhalten eines Wartepflichtigen berechtigten Zweifel hervorrufen mußte, ob er das Vorfahrtrecht beachten werde. Die Revision hatte weiter ausgeführt, indem die Klägerin selbst die Zweitbeklagte auf Schadenersatz verklagt habe, habe sie zugestanden, daß sie das Deutsche Reich wegen nur fahrlässigen Verhaltens des Führers des Wehrmachtwagens nicht in Anspruch nehmen könne. In diesem Verhalten lag aber nicht die Behauptung einer Tatsache, sondern nur eine rechtliche Schlußfolgerung aus den Tatsachen, die zu dem Unfall geführt hatten. Da das Berufungsgericht die Klage gegen die Zweitbeklagte abgewiesen hatte, ließ sich von diesem Standpunkt aus die Verurteilung des Deutschen Reichs nicht beanstanden. Rechtlich unhaltbar war auch die weitere Ausführung, daß die Klägerin selbst gegenüber dem Erstbeklagten für eine schuldhafte Mitverursachung des Unfalls durch die Zweitbeklagte einzustehen habe; es konnte nicht die Rede davon sein, daß die von der Zweitbeklagten aus Gefälligkeit in ihrem Kraftwagen mitgenommene Klägerin die Zweitbeklagte zu der Verrichtung des Führens des Kraftwagens bestellt hätte. Hienach war eine neue Prüfung sowohl der Frage veranlaßt, ob das Deutsche Reich den Entlastungsbeweis nach § 7 KraftFahrzG. erbracht hatte, als auch der Frage, ob der Führer des Wehrmachtwagens durch seine Fahrweise schuldhaft eine Amtspflicht verletzt hatte, weiter aber auch eine Nachprüfung der Frage, ob die Haftung des Deutschen Reichs wegen der über den Rahmen des Kraftfahrzeuggesetzes hinausgehenden Schäden wegen der Möglichkeit entfiel, von der Zweitbeklagten Schadenersatz zu verlangen. (VI, 21. Oktober 1941.) Amtl. Sammlg. S. 357—366.

Vgl. Bd. 132 S. 102; RGSt. Bd. 71 S. 80; JW. 1936 S. 450; 1937 S. 1346.

51. Schwarzfahrt. Amtshaftung. (WeimVerf. Art. 131; RHaftG. § 1; ZPO. § 547; GVG. § 71.) Ein Soldat erhielt den Auftrag, mit einem Personenkraftwagen der Wehrmacht eine Fahrt zum Zwecke der Abholung verschiedener Gegenstände zu machen; es wurde ihm gestattet, auf der Rückfahrt seine Ehefrau zu besuchen und zu diesem Zweck einen Umweg zu machen. Unterwegs traf er einen anderen Soldaten, der in einem nahegelegenen Ort in Garnison stand. Er fuhr mit diesem zu dessen Garnisonsort; unterwegs kehrten sie in mehrere Wirtschaften ein und sprachen dem Alkohol zu. Kurz vor dem Garnisonsorte des Soldaten stieß der Wagen mit einem Kraftradfahrer zusammen; dieser wurde so schwer verletzt, daß er am folgenden Tage starb. Seine Witwe klagte sowohl auf Grund des Kraftfahrzeuggesetzes als auch aus Haftung aus unerlaubter Handlung gegen das Deutsche Reich auf Schadenersatz. Die Klage drang im wesentlichen durch. Da das Berufungsgericht die Verurteilung auf den Rechtsgrund der Amtshaftung gestützt hatte, war die Revision ohne Rücksicht auf die Höhe des Streitwertes zulässig. In der Sache hing die Entscheidung davon ab, ob der Fahrer des Wagens der Wehrmacht bei der Herbeiführung des Unfalls in Ausübung ihm anvertrauter öffentlicher Gewalt gehandelt habe. Wenn man von dem Abstecher nach dem Garnisonsort des anderen Soldaten absah, lag die Fahrt, die den Zweck verfolgte, Gegenstände, die für die Truppe benötigt waren, zu holen, im Bereiche hoheitsrechtlicher Aufgaben. Zweifel bestanden insoweit, als der Fahrer eigenmächtig einen Umweg machte und damit gegen den ihm erteilten Befehl verstieß. Die mißbräuchliche Verwendung von Heereskraftwagen zu persönlichen Zwecken und ohne innere Beziehung zum Dienst — wenn auch bei dessen Gelegenheit und zeitlich gesehen während des Dienstes — fällt nicht in den Rahmen öffentlicher Gewaltausübung. Es reicht aber nicht schon jeder Umweg, den ein Soldat gelegentlich einer längeren Dienstfahrt macht, dazu aus, der Dienstfahrt ihr hoheitliches Gepräge zu nehmen, selbst wenn persönliche Zwecke für den Umweg eine Rolle spielen. Für eine lebensnahe Betrachtung kann das Verhältnis des Umwegs zum Gesamtweg insoweit ausschlaggebende Bedeutung gewinnen. Der Umweg kann als eine bloß ordnungswidrige Befehlsausführung erscheinen und deshalb immer noch in die Diensthandlung einbezogen werden; er kann aber auch eine gänzliche Außerachtlassung des Befehls oder eine Lossagung von ihm bedeuten und insoweit den erforderlichen Zusammenhang mit dem Dienst verlieren. Wie das im Einzelfalle anzusehen ist, muß in der Regel der tatrichterlichen Würdigung überlassen werden. Im gegebenen Falle betrug der Umweg der Strecke nach nur etwa ein Drittel des Gesamtweges; es handelte sich nur um eine Ausbauchung des Rückwegs, durch welche die Gesamteigenschaft der Fahrt als Dienstfahrt nicht beeinträchtigt wurde. Dazu kam, daß der Fahrer durch den Befehl nicht streng auf Einhaltung eines bestimmten Weges oder einer bestimmten Fahrzeit festgelegt worden war; schon durch die Erlaubnis, seine

Frau zu besuchen, war ein gewisser Umweg bedingt. Schließlich war auch der Zweck, der zu dem größeren Umwege führte, kein ganz wehrmachtfremder, weil der Fahrer einen Kameraden zur Kaserne bringen wollte. Der Fahrer hatte hienach die Amtspflicht, unter Beachtung der Verkehrsregeln vorsichtig zu fahren und niemand in Gefahr zu bringen. Hieran hatte er es fehlen lassen, weil er unter Alkoholeinfluß stand. Wegen Mitverschulden des Ehemanns der Klägerin wurde die Klage zum Teil abgewiesen. (III, 31. Oktober 1941.) Amtl. Sammlg. S. 367—372.

Vgl. Bd. 156 S. 401; Bd. 161 S. 145.

52. **Protektorat. Revision. Feststellungsklage.** (ZPO. §§ 256, 328, 549.) Bei einer G. m. b. H. in Duisburg wurde im Jahr 1929 eine nach Prag zu liefernde Wasserdruckanlage bestellt; es wurde eine Anzahlung von 48000 RM. geleistet. Anfang Januar 1930 wurde die Anlage nach Prag befördert und der Besteller zur Abnahme gegen Zahlung weiterer 48000 RM. aufgefordert. Als er der Aufforderung nicht nachkam, eröffnete ihm die G. m. b. H., daß sie die Anlage für seine Rechnung verkaufen und von ihm Schadenersatz fordern werde, wenn er nicht bis zum 24. Februar 1930 Zahlung leisten werde. Nach fruchtlosem Ablauf der Frist schritt sie zum Selbsthilfeverkauf; hierbei erstand sie die Anlage für 250000 tschech. Kr. = 31000 RM. Im Herbst 1930 erhob die G. m. b. H. gegen den Besteller Klage beim Kreishandelsgericht in Prag auf Zahlung des Kaufpreisrestes und Ersatz der Auslagen. Der Beklagte verlangte mit Widerklage Rückgabe der angezahlten 48000 RM. Das Kreishandelsgericht wies die Klage ab und gab der Widerklage statt; es nahm an, daß die Parteien einen Werkvertrag geschlossen hätten und daß die Klägerin durch die Ausübung des Selbsthilfeverkaufs davon zurückgetreten sei. Die Rechtsmittel der Klägerin blieben erfolglos. Im Jahre 1939 klagte die G. m. b. H. beim Landgericht Duisburg gegen den Besteller der Anlage auf Schadenersatz und auf Feststellung, daß die Forderung des Beklagten auf Rückzahlung der 48000 RM. durch Aufrechnung und Ausgleichung erloschen sei. Der Beklagte bestritt den Klageanspruch nach Grund und Betrag, machte Verjährung geltend und rechnete fürsorglich mit der ihm nach dem Urteil des Kreishandelsgerichts Prag vom Jahre 1934 zustehenden Forderung von 48000 RM. auf. Das Landgericht wies die Klage ab. Berufung und Revision der Klägerin hatten keinen Erfolg. Das Berufungsgericht hatte die Übereinstimmung der Parteien darüber festgestellt, daß für die der Klage zugrunde liegenden

vertraglichen Bestimmungen das Recht des ehemaligen tschechoslowakischen Staates gelte. Es befand sich hiebei in Übereinstimmung mit der Rechtsprechung des Reichsgerichts, wonach der Parteiwille, wie er dem zu beurteilenden Vertragsverhältnis innewohnte, für die Frage des anzuwendenden Rechts maßgebend ist. Der Erfolg der Revision hing davon ab, ob das hienach maßgebende Recht revisibel war. Diese Frage wurde verneint. Da die frühere tschechoslowakische Republik jetzt zum Gebiet des Großdeutschen Reiches gehört, handelt es sich um ein im Reichsgebiet geltendes Recht, dessen Weitergeltung auf dem Führererlaß vom 16. März 1939, also auf einem Akt der Reichsgesetzgebung beruht. Damit ist dieses Recht aber nicht Reichsrecht geworden; es gilt nur als Recht eines Teils des Deutschen Reiches. Auch Gesetze, die seit dem Übergang der Hoheitsrechte der Länder auf das Reich (gemäß dem Gesetz vom 30. Jan. 1934) von den Landesregierungen mit Zustimmung der Reichsregierung erlassen werden, sind zwar staatsrechtlich Reichsgesetze, wegen ihrer öffentlich begrenzten Geltung aber Landesrecht im Sinne des § 549 ZPO. und deshalb im Revisionsverfahren nicht nachprüfbar. Das Berufungsgericht hatte die Leistungsklage mit der Begründung abgewiesen, daß der Anspruch nach tschechoslowakischem Recht verjährt sei. Diese Auslegung war für das Revisionsgericht bindend. Die Feststellungsklage hatte das Berufungsgericht für zulässig erklärt, weil die Klägerin ein rechtliches Interesse an der alsbaldigen Feststellung habe, ob sie aus dem gegen sie ergangenen Urteil des Kreishandelsgerichts Prag vom Jahre 1934 verpflichtet sei oder nicht; es sei ihr nicht zuzumuten, die (nach wie vor notwendige) Vollstreckungsklage des Beklagten abzuwarten. Rechtliche Bedenken waren hiegegen nicht zu erheben. In Frage kam hienach, ob dem Urteil die Anerkennung zu versagen war, weil sie gegen die guten Sitten oder den Zweck eines deutschen Gesetzes verstoßen würde. Ein Verstoß gegen die guten Sitten läge vor, wenn das Urteil in sittlich verwerflicher Weise begründet worden wäre. Dafür fehlte jeder Anhaltspunkt; die Tatsache allein, daß die tschechoslowakischen Gerichte die Frage nur aus einem nach der Auffassung der Klägerin nicht zutreffenden Gesichtspunkt geprüft hatten, konnte die Annahme einer bewußt gesetzwidrigen Entscheidung um so weniger rechtfertigen, als die Klägerin auf den nach der Auffassung der damals erkennenden Gerichte zutreffenden Gesichtspunkt hingewiesen und ihr damit der Weg zur Geltendmachung ihrer Ansprüche aufgezeigt worden war.

Wenn sie diesen Weg rechtzeitig zu beschreiten unterlassen hatte und sich nunmehr die Einrede der Verjährung entgegenhalten lassen mußte, lag das letzten Endes an ihrer eigenen Säumigkeit. (VII, 31. Oktober 1941.) Amtl. Sammlg. S. 373—382. Vgl. Bd. 82 S. 47; Bd. 114 S. 171, Bd. 126 S. 196; Bd. 152 S. 86; Bd. 153 S. 244; Bd. 157 S. 179; Bd. 158 S. 18.

53. Zwischengebietliches Erbrecht. Erbschein. (ÖstABGB. §§ 797, 798; ÖstJN. § 31; BGB. § 2369; FGG. § 73; GBO. § 35; Nachlaßabkommen zwischen dem Deutschen Reich und Österreich vom 5. Februar 1927 § 18.) Zu dem Nachlaß eines Deutschen, der in Österreich seinen letzten Wohnsitz hatte, gehörte ein im Altreich gelegenes Grundstück. Für die Beerbung war nach ständiger Rechtsprechung des Reichsgerichts das österreichische Recht maßgebend. Die Abgabe der Nachlaßbehandlung an ein deutsches Gericht war nicht zulässig. Das österreichische Recht kennt keinen Erbschein. Nach dem Nachlaßabkommen zwischen dem Deutschen Reich und Österreich, das nach der Vereinigung Österreichs mit dem Deutschen Reich als innerstaatliches Recht anzuwenden ist, können die Erben aber Umschreibungen im Grundbuch auf sich auch im Gebiete des Altreichs auf Grund eines rechtskräftigen Beschlusses des Verlassenschaftsgerichts erwirken, mit dem ihnen der Nachlaß eingeantwortet wird. Sofern aus besonderen Gründen die Erteilung eines beschränkten Erbscheins notwendig wurde, konnte ihn das Amtsgericht erteilen, in dessen Bezirk das Grundstück gelegen war. (VIII, 3. Dezember 1941.) Amtl. Sammlg. S. 383—384. Vgl. Bd. 164 S. 355.

54. Betriebsfeuerwehr. Haftungsbeschränkung. Amtshaftung. (RVO. §§ 898, 899, 901; BGB. § 839; WeimVerf. Art. 131.) Der Feuerwehrmann P. eines Fliegerhorstes hatte einen Kraftwagen der Feuerwehr an seinen Standplatz zu verbringen. Dabei verletzte er den Feuerwehrmann K. so schwer, daß er starb. Er verteidigte sich damit, daß die Bremse versagt habe, wurde auch von der Anklage fahrlässiger Tötung freigesprochen. Die Witwe des K. klagte gegen P. auf Schadenersatz. Die Klage wurde abgewiesen mit der Begründung, daß der Beklagte in der Ausübung öffentlicher Gewalt gehandelt habe und deshalb nicht persönlich in Anspruch genommen werden könne. Das Urteil erlangte die Rechtskraft. Nun klagte die Witwe und die Tochter des K. gegen das Deutsche Reich. Das Berufungsgericht wies die Klage ab; die Revision der Klägerinnen hatte keinen Erfolg. Der Unfall war als entschädigungspflichtiger Betriebsunfall anerkannt worden; an diese Entscheidung waren die Gerichte gebunden. Die Klägerinnen hatten auch die ihnen nach der Reichsversicherungsordnung zustehenden Bezüge erhalten. Nach § 898 RVO. konnte das Reich nur in Anspruch genommen werden, wenn der Unfall vorsätzlich herbeigeführt worden war. Das kam nicht in Frage. Auch aus dem Gesichtspunkt der Amtshaftung ließ sich die Klage nicht halten. § 899 Abs. 1 RVO. regelt die Haftung der Betriebsaufseher; als solche sind aber nur Personen anzusehen, die eine gewisse Überwachung des Betriebs oder doch eines Teils davon auf seine Sicherheit hin auszuüben haben und hiefür verantwortlich sind. Unzulässig ist eine Ausdehnung des Begriffs dahin, daß schlechthin die Bedienung jeder Maschine im Betriebe den damit betrauten Gefolgsmann zum Betriebsaufseher mache, weil eine Nachlässigkeit in der Bedienung der Maschine die Betriebssicherheit gefährden würde. Eine Aufsichtstätigkeit in diesem Sinne oblag P. nicht; die den Unfall verursachende Fahrt geschah auch nur in einem Zusammenhang mit der Wagenpflege, hatte also mit Betriebsaufsicht nichts zu tun. Aus dieser Vorschrift ließ sich also eine Haftungsbeschränkung für P. und demgemäß für das beklagte Reich nicht herleiten. § 899 Abs. 2 RVO. hat die Beschränkung der Haftung nach § 898 auch auf die Mitglieder von Pflicht- und freiwilligen Feuerwehren und auf alle beim Tätigwerden der Feuerwehr mit Befehlsgewalt ausgestatteten Personen ausgedehnt. Für Betriebsfeuerwehren gilt das aber nicht. Sie sind Einrichtungen des Selbstschutzes; polizeiliche Befugnisse stehen ihnen nicht zu. Diese Vorschriften der Reichsversicherungsordnung fielen also aus. Daß P. beim Unfall in Ausübung öffentlicher Gewalt tätig war, stand außer Streit. Die Feuerwehr diente dem Schutz des Fliegerhorstes, also einer Einrichtung der Wehrmacht. P. war zwar auf gewöhnlichen Dienstvertrag eingestellt, aber, da mit der Wahrnehmung hoheitlicher Aufgaben betraut, Beamter im Sinne des § 839 BGB. An seiner Stelle haftete daher das Reich nach Art. 131 WeimVerf. Diese Haftung des Reichs beruhte nicht auf seiner Eigenschaft als Unternehmer, sondern es haftete als die öffentliche Körperschaft, in deren Dienst der Schädiger stand. Es war aber doch zugleich Unternehmer und hatte als solcher die Lasten der Unfallversicherung zu tragen. Wegen dieser Belastung war seine Haftung auf die Fälle der vorsätzlichen Herbeiführung des Unfalls beschränkt, die Haftung nach anderen gesetzlichen Vorschriften aber ausgeschlossen. Das muß auch für Ansprüche aus dem Verschulden von Beamten gelten. (III, 24. Oktober 1941.)

Amtl. Sammlg. S. 385—391.

Vgl. Bd. 71 S. 3; Bd. 158 S. 341; RAG. Bd. 20 S. 196.

55. Kraftfahrzeug. Schwarzfahrt. Haftung der NSDAP. Verzicht. Verwirkung. Unzulässige Rechtsausübung. (ÖstABGB. §§ 879, 1295, 1315; ÖstKraftFahrzG. §§ 1, 4, 8; VO. vom 29. März 1935 §§ 2, 4; 1. AusfVO. § 2.) In dem Hof eines Gasthauses in Österreich war ein Personenkraftwagen eines ᛋᛋ-Sturmbanns eingestellt; der Zündschlüssel hing in der Küche an einem Schlüsselbrett. Sowohl der Hof als die Küche waren frei zugänglich. Verantwortlich für den Wagen war der Sturmbannführer. Ein Bruder des Sturmbannführers benutzte die Gelegenheit, um ohne dessen Zustimmung mit dem Wagen eine Fahrt zu unternehmen; hiebei nahm er einen Freund mit, der ihn zur Vornahme der Fahrt veranlaßt hatte. Unterwegs geriet der Wagen an einen Randstein und schlug um. Der Freund des Fahrers wurde erheblich verletzt. Er klagte gegen den Fahrer und gegen die NSDAP. auf Schadenersatz. Die Klage gegen den Fahrer wurde in allen Rechtszügen abgewiesen, da festgestellt wurde, daß der Kläger auf alle Ersatzansprüche gegen ihn uneingeschränkt und bedingungslos verzichtet hatte. Die Klage gegen die NSDAP. wurde vom Berufungsgericht als dem Grunde nach gerechtfertigt anerkannt. Das Reichsgericht verwies die Sache zurück. Der Bruder des Erstbeklagten war als ᛋᛋ-Sturmbannführer ein Unterführer einer Gliederung der NSDAP. Für den Schaden, den er einem Dritten zufügte, haftete die NSDAP., wenn die Voraussetzungen für eine solche Haftung nach den Vorschriften des allgemeinen bürgerlichen Rechts (§ 831 BGB., § 1315 ÖstABGB.) oder eines besonderen Gesetzes (Haftpflichtgesetz, Kraftfahrzeuggesetz) gegeben waren. Nach § 1315 ÖstABGB. kam eine Mithaftung der NSDAP. wegen mangelhafter Verwahrung des Wagens in Betracht; sie setzte aber voraus, daß der dafür verantwortliche Sturmbannführer als eine untüchtige Person anzusehen sei. Das Berufungsgericht hatte das angenommen, weil er die Verwahrung des Wagens und des Zündschlüssels nicht nur einmal, sondern längere Zeit, ja offenbar gewohnheitsmäßig vernachlässigt habe. Das Reichsgericht ließ diese Frage offen, da sich die Mithaftung der NSDAP. für die Nachlässigkeit ihrer Sturmbannführer schon aus § 8 ÖstKraftFahrzHG. ergab, wonach der Eigentümer oder Betriebsunternehmer eines Kraftfahrzeugs für das Verschulden der Personen haftet, deren er sich beim Betriebe bedient. Die Einwendung der Beklagten, daß als Betriebsunternehmer der Sturmbann anzusehen sei, konnte nicht beachtet werden, da die Gliederungen der NSDAP. keine eigene Rechtspersönlichkeit haben. Die Revision hatte sich noch darauf berufen, daß der Kläger auf jeden Ersatzanspruch gegenüber dem Erstbeklagten verzichtet habe, und hatte daraus gefolgert, daß er auch gegen die NSDAP. keinen Anspruch erheben könne, da diese im Falle ihrer Verurteilung gegen den Erstbeklagten Rückgriff nehmen und dadurch den Verzicht des Klägers hinfällig machen würde. Im Fall einer Gesamtschuld kann aber der Berechtigte gegenüber einem Gesamtschuldner auf Geltendmachung seines Anspruchs verzichten, ohne damit das Schuldverhältnis gegenüber allen Schuldnern aufzuheben. Eine Vermutung für die Absicht, eine gesamtbefreiende Wirkung herbeizuführen, bestand nicht. Dagegen griff der Einwand der Revision durch, daß der Kläger gegen die NSDAP. deshalb nicht vorgehen könne, weil er wußte, daß es sich um eine Schwarzfahrt handelte, und trotzdem den Erstbeklagten dazu anstiftete. Zwar traf hiefür nicht der Gesichtspunkt der Verwirkung zu, den die Revision geltend machte; denn Verwirkung eines Anspruchs bedeutet, daß ein Anspruch bestanden hat, aber zufolge anderer Umstände erloschen ist. Dagegen lag unzulässige Rechtsausübung vor (§ 242 BGB., § 879 ÖstABGB.). Es verstieß sowohl gegen Treu und Glauben, als auch gegen die guten Sitten, wenn der Kläger Ersatzansprüche wegen Ermöglichung einer Schwarzfahrt erhob, obwohl er bei der Teilnahme an der Fahrt volle Kenntnis davon hatte, daß es sich um eine Schwarzfahrt handelte. Die Frage war noch zu klären. Es kam außerdem in Betracht, ob nicht der Kläger die Unzuverlässigkeit des Fahrers kannte, trotzdem aber die Fahrt fortgesetzt hatte, so daß auf seiner Seite ein Mitverschulden vorlag, das allenfalls zu einer entsprechenden Verteilung des Schadens Anlaß gab. (VIII, 31. Oktober 1941.)

Amtl. Sammlg. S. 391—402.

56. Blutmäßige Abstammung. (ÖstABGB. §§ 156, 163.) Eine Frau hatte sich von ihrem Manne getrennt und lebte mit einem anderen Manne zusammen. Am 12. September 1939 wurde ihre Ehe geschieden; am 19. Mai 1940 brachte sie eine Tochter zur Welt. Diese klagte gegen den Mann, mit dem ihre Mutter zusammenlebte, auf Feststellung, daß sie blutmäßig von ihm abstamme. Das Landgericht wies die Klage ab. Das Berufungsgericht hob das Urteil auf und verwies die Sache an das Landgericht zurück. Der Rekurs des Beklagten führte zur Zurückverweisung der Sache an das Berufungsgericht. Im Österreichischen Allgemeinen Bürgerlichen Gesetzbuch ist nur die Klage zur Bestreitung der Ehelichkeit der Geburt ausdrücklich geregelt. Wegen der Bedeutung der blutmäßigen Abstammung für die Volkszugehörigkeit und die Stellung des Volksgenossen hat die Rechtsprechung in Erweiterung dieser Klage eine Klage des Kindes, unter Umständen auch des Ehemanns der Mutter, zur Bestreitung der blutmäßigen Abstammung ausgebildet. Die Voraussetzungen und die Gestaltung dieser Klage sind durch ihren Zweck begrenzt. Für die Ehelichkeit der Geburt sind gewisse Vermutungen aufgestellt; durch die Anerkennung der Ehelichkeit seitens des Ehemanns der Mutter, durch die Versäumung der Klagefrist oder durch Unterlassen der Bestreitung wird die Klage auf Bestreitung der Ehelichkeit ausgeschlossen. Die blutmäßige Abstammung beruht nicht auf solchen Annahmen oder Unterlassungen. Die Klage zur Bestreitung der blutmäßigen Abstammung ist von der Einhaltung einer Frist und von der Anerkennung der Abstammung unabhängig. Sie ist eine Standesklage und bedarf daher, wenn sie von dem Kind erhoben wird, nicht des Nachweises eines besonderen rechtlichen Interesses. Sie erfordert ebenso wie die Klage zur Bestreitung der ehelichen Geburt die Einhaltung der Bestimmungen, welche die Ermittlung der Wahrheit sichern sollen. Sie muß daher gegen einen Kurator zur Verteidigung der blutmäßigen Abstammung eingebracht werden, der durch seine amtliche Stellung verpflichtet ist, an der Feststellung der Wahrheit mitzuwirken. Die Aufnahme von Beweisen ist nicht durch die Stellung von Beweisanträgen der Parteien beschränkt. Vergleich, Anerkenntnis oder Versäumnisurteil genügen nicht zur Feststellung der Abstammung. Die Klage zur Bestreitung der ehelichen Geburt hat einen verneinenden Inhalt und geht auf die Feststellung, daß das Kind nicht ehelich sei. Sie ist gegen den Kurator zur Verteidigung der Ehelichkeit gerichtet. Erst wenn in diesem Rechtsstreit die Nichtehelichkeit durch Urteil ausgesprochen ist, kann gegen einen Dritten geklagt werden, daß das Kind als dessen uneheliches Kind anzusehen sei. Die Frage der Ehelichkeit läßt sich nicht als Vorfrage in einem Rechtsstreit wegen unehelicher Vaterschaft entscheiden. Die Klage auf Bestreitung der blutmäßigen Abstammung hat ebenfalls einen verneinenden Inhalt. Sie geht darauf, daß das Kind trotz der Vermutung der Ehelichkeit blutmäßig nicht vom Ehemann der Mutter abstamme. Solange diese Frage nicht durch Urteil rechtskräftig entschieden ist, kann eine Klage gegen einen Dritten, daß das Kind von ihm abstamme, nicht erhoben werden. Die Nichtabstammung vom Ehemann der Mutter kann nicht als Vorfrage in einem solchen Rechtsstreit gelöst werden. Die vorliegende Klage übersprang ein Mittelglied. Dieser Mangel ließ sich nicht dadurch beheben, daß nachträglich, wie das Berufungsgericht es getan hatte, ein Kurator bestellt wurde, der neben dem Beklagten in den Rechtsstreit eintrat. Die Klage hätte von Anfang an gegen den zur Verteidigung der Ehelichkeit zu bestellenden Kurator erhoben werden müssen und war in ihrem Antrag verfehlt. (VIII, 5. November 1941.)

Amtl. Sammlg. S. 202—204.

Vgl. Bd. 162 S. 113; Bd. 163 S. 399; Bd. 166 S. 167; Bd. 167 S. 120.

Gesetzesregister.

Seitenzahlen der amtlichen Sammlung.

1 1—14; **2** 14—40; **3** 40—55; **4** 55—60; **5** 60—64; **6** 65—76; **7** 76—85; **8** 85—92; **9** 92—99; **10** 99—120; **11** 120—123; **12** 123—128; **13** 129—138; **14** 138—151; **15** 151—171; **16** 171—183; **17** 183—184; **18** 184—192; **19** 193—199; **20** 199—203; **21** 203—206; **22** 207—213; **23** 213—215; **24** 215—222; **25** 222—224; **26** 225—236; **27** 236—243; **28** 243—249; **29** 249—254; **30** 254—256; **31** 257—260; **32** 260—265; **33** 265—269; **34** 269—274; **35** 274—281; **36** 281—288; **37** 289—292; **38** 293—296; **39** 296—298; **40** 298—301; **41** 301—305; **42** 305—308; **43** 308—312; **44** 312—319; **45** 319—320; **46** 321—325; **47** 325—328; **48** 328—339; **49** 339—357; **50** 357—366; **51** 367—372; **52** 373—383; **53** 383—384; **54** 385—391; **55** 391—401; **56** 402—404.

Sachregister.

FSC
www.fsc.org
MIX
Papier | Fördert
gute Waldnutzung
FSC® C083411

Kolibri 360 GmbH
Ferdinand-Jühlke-Straße 7
99095 Erfurt, Deutschland
produktsicherheit@kolibri360.de